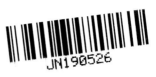

受験と就活を勝ち抜く力

イノベーションを余儀なくされる大学と企業

村岡 哲也

大学教育出版

はじめに

筆者は大学教員として学生を教育し，学生の就職の面倒を見る傍ら自分の生涯研究に没頭してほぼ40年間を教育と研究で過ごし，この度，再就職した大学を任期満了で円満退職しました．今は体力的に無理のない範囲で国際ジャーナルの編集委員，論文査読，および学位論文執筆の手助けなどをして毎日を過ごしています．少し心にゆとりが持てるようになったので，人生の大半を忙しく過ごした大学の現状を振り返ってみました．すると，「学生の人材育成と基礎研究に傾注している教授が大多数を占める大学が何校ぐらいあるのか」，まず，それに疑問を覚えました．次に，「その中で受験生の希望に応え，受験の際に『選択していただいても損はないですよ』と胸を張れる大学が何校ぐらいあるか『大学の建物が新しくきれいだった』とか『学内の環境整備がなされていた』などの外見上の美化ではなく，『教授の指導力と研究歴』などの内面が充実した大学を受験生がどのようにして探せばよいのか」という疑問を抱きました．こうした素直な気持ちで大学と正対してみると，「大学受験・大学での講義と学修・就職などで発生する様々な問題に対応する方法が分からずに，困っている受験生が多数いるのではないか」ということに気づきました．大学院への進学を考えている大学生でも，「大学院や指導教授の選び方」，あるいは「研究テーマ」をどうするかなど，悩むことでは学部の受験生と同等か，あるいは就職先がもっと専門性を増す分，いっそう深刻なのではないでしょうか．そういうことを経験や体験してきた先輩として，大学・大学院の受験における悩みを手助けしたいという強い思いから本書を執筆する決心をしました．

世界がボーダーレス化し，先進国同士が激しく経済対立を繰り返す裏で，少子高齢化の足音がだんだん強くなるという複雑極まりない時に大学受験をし，大学では学修ポートフォリオを用いて科目の理解度を確認しながら3年間学修する．4年目には卒業研究を続けながら，インターンシップを経た就職活動によって企業を選択し，選択した企業に就職する．そして，定年を迎えるまでの数十年間を企業の第一線で活躍する．その既定路線上を歩もうとしている方，あるいは，既定路線には「NO」を突き付けて我が道を選択しようとしている方など方向性は様々ですが，まずは自身のキャリアデザインを描けなければ悔いのない人生を歩むことなど不可能です．そのために生涯設計を慎重にし，それを着実に実行してもらいたいと思います．

生涯設計のスタートラインが，高校生活 3 年間の学習成果を問う大学受験，大学 4 年間の学修，および就職活動などによって見えてきます．しかし，その中の一部には，大学院に進学して研究者やアナリストの道を目指す学生もいます．それぞれの生涯目標を達成するために，本書は大学受験に始まる日常学習をどのように継続していかなければならないかを示唆します．その他には，大学・大学院への進学をサポートする奨学金制度の利用の仕方などについても分かりやすく説明します．

高等学校から大学・大学院までは，学修次第で生涯が決定づけられる大事な期間です．その 10 年余りは，くれぐれも無意味に過ごさないで下さい．その期間の生き方を誤ると生涯後悔をすることになります．大学・大学院を終え，就職後に後ろを振り返った時に，「大学の受験勉強をもう少しがんばっておけば…」と後悔しても手遅れです．そのような人生を歩ませたくないという思いが，本書の執筆を決意させた大きな理由です．

本書の第Ⅰ章は，大学と大学院受験，およびその学修方法などについて記述しました．第Ⅱ章は，研究者やアナリストを目指して大学院への進学を考える人に指導教授を選択するための詳細なアドバイスをしています．それでも，我が国の大学受験に将来の夢を見いだせない人たちには，海外の大学・大学院への留学について示唆しました．

話は変わりますが，我が国がアジアの国々から優秀な留学生の人材を確保したければ，まず，大学・大学院がこれまでのアジアや中近東諸国の学生に対する先入観を改める必要があると思います．企業も人材である優秀な卒業生を採用したければ，大学と同様に先入観に満ちた頭の構造を切り替えるべきです．採用担当者が「我が国はアジアの中で唯一の先進国である」という思い上がった傲慢な姿勢を続けている間に，少子化で大学進学者は減少し，高齢化が益々進む中で労働人口も減少の一途をたどっています．そうした中で，発展途上国の学生も先端技術や世界をマーケットとした経済構造などについて学修するために，我が国を通り過ぎてアメリカやヨーロッパに流れていきます．反省の上に立った今後の展望を示さなければ，アジアや中東から優秀な留学生を確保することは難しくなるのではないでしょうか．

さらに，もう一つ，就職活動でインターンシップを受けた後，せっかく人材として企業に採用されても，本人の努力不足なのか，あるいは，“人財”まで育成するために企業の知識・経験・ノウハウなどの蓄積が不足しているのか，または，知識・経験・ノウハウなどの蓄積が十分であっても，それを人材のキャリアデザインに反映する指導力が不足しているのか，いずれが原因しているのかは不明ですが，ボーダーレス時代に羽ばたく人財としての成長例が，西洋の先進国と比較して我が国の企業はかなり少ないように思えます．

そこで，人材の適性と自助努力，および人材から人財まで成長させる企業の育成プログラムなどについて分析し，分析結果を今後どのように生かしていけばよいかを，第Ⅲ章に詳しく記述しました．その中には，インターンシップを含めた就職活動による企業選びから，採用後に実施する企業の人材から人財まで成長させるための一連の育成プログラムなど，盛りだくさんな内容が含まれているので，就活生には十分参考になると思われます．間違いや失敗を恐れず，何事もあきらめずに正攻法で立ち向かって努力すれば，必ず暗闇の中から一筋の明かりが見えてきます．一度か二度の失敗で「簡単に挫折してリタイアする人」をよく見かけますが，その精神力の弱さが成功への芽を摘んでしまっているのです．

第Ⅳ章では，産業界と大学の間で延々と続いてきたミスマッチとその解消方法について分かりやすく記述しました．第Ⅴ章は第Ⅳ章の記述に基づいて，企業で人財を目指す人，および研究者やアナリストなどの専門職を目指す人などを対象とした新しい人材育成方法について提案しました．なお，専門職を目指す人は，自分が進学を目指す大学院の博士課程後期で学位取得にかかる博士論文の指導ができる教員と学部教員との違いについてもしっかり読み取って，指導教員の選択を誤らないように配慮しました．

第Ⅵ章では大学受験から就職活動を勝ち抜き，社会人として活躍するまでの総まとめをしました．無力な若い時は克服すべきポテンシャル障壁が目の前にそそり立って行く手を阻み，それがまたあまりにも多すぎて，一日一日が苦難の日々ですが，それを越えるとけっこううまくいくものです．第一線から退いて過去を振り返って見ると，「光陰矢の如し」と言うように，一瞬のうちに通り過ぎていくのが人生です．

今が大事な時です．大学進学に始まる自助努力と判断を誤らないようにして下さい．後で振り返ると，その判断ミスが後悔の第一歩になっていることがほとんどです．自助努力の後は，「何事もあきらめない精神力の強さ」と「正しい判断に基づく努力の積み重ね」の結集が成功の決め手です．

本書は大学受験に始まり，卒業後に社会人として第一線で活躍するまでに発生する様々な問題や企業から与えられた課題解決の糸口になるように，様々な事象に基づいて，大学受験から就職活動までに発生する諸問題に対処する方法を分かりやすく説明する内容になっています．また，大学院に進学して研究者やアナリストの道を目指す人にも大学院と指導教員の選別方法や学位取得に向けた研究手法などについて分かりやすく現実に即した説明をしています．それゆえ，大学・大学院の受験生や就職活動の学生の皆さんはもとより，大学のキャリアデザインに関する講義の担当教員やキャリアサポートセンターの職員，あるいは，企業の採用・人事担当者まで幅広く活用いただけるものと考えております．

最後に本書を出版するにあたり，記述内容に対する有益な助言，紙面のレイアウトおよび校正など，編集面で多大なご尽力をいただきました株式会社大学教育出版編集部の関係各位に感謝の意を表します．

2019 年 3 月

村岡　哲也

受験と就活を勝ち抜く力
—— イノベーションを余儀なくされる大学と企業 ——

目　次

第Ⅲ章 就職活動と企業

第Ⅳ章　産学間のミスマッチと解消方法

第Ⅴ章　新しい人材育成の提案

第Ⅵ章　まとめ

第 I 章
大学受験から就職活動まで

1.1 大学のイノベーションとボーダーレス化

少子化と世界不況が同時進行する中で大学受験や就職活動をされる皆さんの場合，進学では過去の受験生たちより遥かに有利で，巷では大学全入時代などと呼ばれています．就職活動についても大学受験と同様で，少子化の影響から先輩たちが就職したときより，かなり有利な条件で採用内定が展開していることだけは間違いのない事実です．しかし，その安易性には大きな思考錯誤が潜んでいることを知らなければなりません．なぜなら，少子化による受験生の減少が偏差値の低い大学で大きな定員割れを引き起こし，その結果，埋めようのない大空洞化を引き起こし，大学全入時代などと呼ばれているにすぎないからです．それを本当に喜んでよいのでしょうか．

偏差値の高い大学，すなわち，中央省庁やメジャーな企業などに当然のごとく就職できるレベルの難関大学への入学の困難さは，いつの時代も変わりがないのです．そのことは，過去の偏差値と倍率を比べてもあまり変化が見られないことから十分ご理解いただけると思います．高等学校であまり勉強もせずに3年間を適当に楽をして過ごし，自分の学力レベルに合った大学に入学して4年間の学園生活を堪能すると，そこそこの中堅企業であっても就職内定を得ることなどは不可能に近く，何とか派遣会社に就職できたとしても，10年後から派遣切りに毎日怯えながら，パンを得るための生活苦が生涯にわたって続くだけなのです．そのことは，いつの時代も変わらないのです．

難関と呼ばれる大学は偏差値が高いだけで，受験倍率が過去の倍率と比べて格段に高い訳ではありません．つまり，受験しても合格する確率がゼロに近い受験生は，その難関大学を受験すること自体が頭になく，合格域近傍の受験生だけが受験するので，こうした結果になるのです．つまり，いつの世も難関と呼ばれる大学の偏差値と受験倍率はほとんど不変なのです．逆に，偏差値が中堅レベルの大学は受験倍率が最も高く，変動が激しいと言えます．そうなる理由は，中堅より上位の大学の受験生にとって，中堅レベルは滑り止めであり，下位レベルの大学の受験生にとって，中堅レベルは合格すればぜひとも入学したいチャレンジ・レベルに位置するからです．こうした理由から，受験生が最も集まりやすい中間領域のふくらみが構成されます．

上位の難関大学は偏差値が高すぎるので，中堅よりやや上位にランクされる受験生では合格が見込めません．受験しても無駄なことぐらいは自覚しているので，受験することもありません．それだからこそ，受験倍率が安定して低いのです．また，上位の難関大学の受験生は，初年度に目的大学を不幸にして不合格になったら，たぶん浪人すると思います．それは，上位の一部の難関大学の受験生だけにみられる現象です．一般には，少子化による 18 歳人口の減少と共に受験生数も年々減少することから，ほとんどの受験生が現役でいずれかの大学に合格します．このために，浪人生は年々激減しているのが実情です．

少子化の影響による受験生の減少を受けて，40％以上の大学が定員割れを起こしていると言われています．さらに，国公私立大学の自己点検・評価は，文部科学大臣の認証を受けた機関による 7 年に 1 回の検証（認証評価）が義務付けられているので，認証評価を通すために，定員割れの学科があっても，定員を満足しているかの如く偽装報告する私立大学もあるようです．また，国公立大学の学部・学科が定員割れした場合は，ある程度合格レベルは下げても，無秩序に定員を確保することはありません．その結果，定員割れの学部・学科は，再編や縮小に向かうことになります．我が国に 780 ある 4 年制大学（8 割は私立大学）のこうした実情をまとめると，定員割れの学部・学科を抱える大学は全体の 40％を超えて，すでに 45％近傍まで迫っているかも知れません．

2016 年以降，学生の定員割れが甚だしく，そのために財務状況が悪化し，経営困難に陥る大学がかなり鮮明になり始めてきました．受験さえすればほぼ全員が合格する下位レベルの私立大学，すなわちBF（Border Free）大学（偏差値 35 ～ 39）から順に倒産の兆しが徐々に色濃くなってきているのではないでしょうか．また，それなりのレベルの大学であっても，社会的要求を満足させることのできない学科は定員割れを起こし始めています．

BF大学や社会的要求を満たさない学科に進学すると，チャールズ・ダーウィン（Charles Robert Darwin, 1809-1882）の進化論における自然淘汰説のごとく，早ければ大学に通学している間に秋風が吹き始め，いつのまにか世の中から消え去ってしまう可能性があります．その理由は，卒業後の就職が難しく，少子化の波を真正面から受けて，受験生が激減する環境にあるからです．

こうしたBF大学が生き残るために経営者がまず考えることは，学業以外のスポーツに力を入れてメディアに取り上げてもらい，大学名を受験者と父兄に印象付けることです．たとえば，大学三大駅伝（出雲駅伝，全日本大学駅伝，箱根駅伝）のいずれかに出場して上位にでも入れば，三大駅伝そのものが国民の関心が高いのでテレビで生中継され，スクールカラーのユニフォームを着た襷がけのランナーがテレビ画面に何度も映し出されるだけでなく，翌日の新聞紙面のスポーツ欄を飾ることになります．それが受験生の増加につながり，定員割れ防止のための宣伝効果たるや群を抜いたものだということが分かっているからです．それ以外に，受験で難関校と言われている大学でも，今風の聞こえの良い学部・学科の新設が見受けられます．受験生は，いずれも教員履歴や講義内容，できれば卒業後の就職内容などをよく調べてから進学の決断をする必要があります．以上は悪しき一例ですが，他にも様々な問題があります．それを一つひとつ取り上げるのは限界があるので，受験生の皆さんの冷静な判断に委ねます．

今後大学間で頻繁に起こりうることは，既存のBF大学の統廃合，すなわち，大学のM&A（Mergers and Acquisitions：合併と買収），あるいは市町村連合のサポートによる地方に1つしかない私立大学の公立化など，一時しのぎにしか過ぎないと思いますが，生き残りをかけた様々な目先の対応が目立ってくるのではないでしょうか．その風潮が大学間から学部・学科にまで及ぶことは，避けられない状況です．これまで何の考えもなく無防備に発散・拡大し続けてきたBF大学とその近傍の大学の大船団が，最初で最後の少子化という防ぎようのない大津波を真正面から受けて，無抵抗のまま沈没しようとしています．つまり，こうした大学群は，あれよあれよという間に定員割れから経営不振に陥り，なす術もなく倒産という収束点に向かって一直線に落ちていく様が目に見えてきます．

その他に，近年，学生を集めて金銭収入を得ることだけの目的で設置し，「他学部に比べて入学しやすく就職先がありますよ」という雰囲気だけを漂わせる「情報」という新鮮味のある言語を入れた文系と理系の判別が曖昧な新設学部や学科なども，これから10年前後の間に転換や廃止という大嵐に巻き込まれる可能性が高いように思えます．はっきり言っておきます．入りやすい新設学部や学科の卒業生を企業がすんなり受け入れると思いますか．よく考えてみてください．自ずから回答が得られるはずです．

BF大学を含むかなりの数の私立大学の経営者は，「少子化」による大嵐が吹き荒れる前の不気味で不安な夜明け前の心理状態ではないでしょうか．それを感じるからこそ，BFレベルの大学が生き残りをかけて，これまでの定番の科名を受験生に聞こえの良い今風に変更したり，なりふり構わず連携を模索したりして，動きが活発化してくるのです．こうした風潮は地方の国立大学にも波及しています．文部科学省はようやく重い腰を上げて，中央教育審議会で「2040年の大学のあり方」を検討し始めているようです．今日までの10年間で，特にG20の国々の大学の質の向上が目立ちます．また，発展途上国であっても大学教育には力を入れているのがわかります．なぜなら，教育は国家の根幹のレベルアップに貢献するものだからです．「2040年の大学のあり方」を徐々に検討しようとする我が国の教育に対する対応は，先進国の中では遅きに失する感があると思われます．今のようなゆったりした時代錯誤のやり方では，まもなく先進国から落ちこぼれて，いずれ忘れ去られていく運命にあるように思われます．

国立大学でも近隣の大学同士が法人を一本化して，それぞれの大学がその傘下に入る「アンブレラ方式」を導入して生き残りを模索しているようです．たとえば，小樽商科大学，帯広畜産大学，および北見工業大学，あるいは名古屋大学と岐阜大学などが，すでに話し合いを進めています．この方式が他の国公立大学の再編統合に波及することは必至で，文部科学省もようやく本腰を入れて，「国立大学法人法」を改正する方針を固めたようです．ただ，経営側が学生を呼び寄せるためだけの目的でなされる改革や再編でなく，教育・研究の中身の充実，および研究設備・学修環境など教育・研究現場が真に要求することに手を入れていただきたいものです．そして，大学教員は教育・研究共に世界の大学と渡り合えるような人物が選出されるように，今のザル法をピリッとしたものに変えて，世界で認知される大学に生まれ変わることを期待します．

現在の「大学間のなりふり構わない動き」と文部科学省の「国立大学法人法」の改正は，受験生の皆さんにプラスになることを考えて大学教育を進めるものではなく，単なるそれぞれの大学のやむにやまれぬ延命工作にしかすぎないのではないでしょうか．受験生の皆さんが大学に進学し，卒業後に社会人になって後ろを振り返った時，卒業した大学がすでに統廃合されていたり，倒産して跡形もなく消え去っていたりしたら，どう思われますか．そうなったとき，世の中に認知された大学に進学しておくべきだったと後悔されると思いますが，それでは遅いのです．今からでも遅くありません．「後悔先に立たず」にだけはならないようにして下さい．

今後15年から20年ぐらいの間に，780ある大学がとりあえず400ぐらいまで減少すると予測されます．その差780 − 400 = 380の内訳が，BF大学とその近傍レベルの大学，あるいは新設大学や増設された学部や学科などを中心とした，受験生や社会から見放された大学です．そうなる理由として，①教育内容が悪く，就職実績もよくない，②大学院への進学も期待できない，③たとえ，その大学が併設している大学院に進学したとしても，学位取得後の就職先が皆無に等しいことが挙げられます．特に③についていえば，大学院の指導教員がマル合（文部科学省が示す大学院博士後期課程の指導教員としての資格）ではない場合が多く，もし，その教員だけがマル合であっても，全体的に指導体制を見たときに教員の質があまりにも悪すぎるのが現実です．

次に，筆者の勝手な私見を述べさせていただけば，その後も減少を繰り返しながら，やがて究極の悲惨な状況に陥って，大学は冬の時代を迎えるようになるのではないでしょうか．少子化による受験生の減少が大学の収入に悪影響を及ぼし，収入の低下が大学の教員の質の低下と施設・設備の悪化を招く — そうなると400大学でも多すぎます．その半分の200大学ぐらいを残して，国内外で活躍するマル合で，知識と経験が豊富な人財を大学・大学院に迎えて質を維持するだけでなく，逆に向上させるのです．そうした教授の下でなされた学生の研究成果を国際会議で公表させるようでなければ，国際競争力もつかないし，科学技術先進国としての我が国の更なる発展も期待できないと考えます．それゆえ，少子化に備えて世界の先進国の水準についていけない大学の削減や役目を終えて受験生に人気がない既存の大学の学部や学科，あるいは大学院などは，速やかに廃止するべきであると考えます．

つまり，学術的な発展が見込めない国家は衰退し，最悪の結果を招くことが解っていても，どうにもならなくなるまで放置しておいて，責任も取らずに自然淘汰を待っている事なかれ主義の文部科学行政に問題発生の原因があるのではないでしょうか．このような状況下にあっても，まだ，文部科学省が大学や学部・学科の新設を認可するのであれば，新規に認可する大学や学部・学科の社会的有用性について納得のいく説明責任があると思います．

世界中の国々が同時進行で政治や経済が大混乱し，それと併行して産業界も疲弊しています．それぞれの国の首脳が自国の中ではイノベーション（Innovation：変革）を訴え，首脳同士が集まって知恵を出し合っても解決策が見いだせず，経済はますます悪化の道をたどるばかりで，混沌として明るい兆しがまったく見えてきません．そのような状況下で大学受験をされる皆さんは，自分にとって「どの大学のどの学部・学科を選択して入学すれば就職に有利で，生き甲斐のある人生が送れるか」，あるいは，「これまで続けてきたクラブ活動やボランティア活動などを入試で有利に結び付けられる大学はどこか」などと真剣に考えておられるのではないでしょうか．しかし，クラブ活動やボランティア活動などが合格に有利に働く大学の学部・学科へ入学したら，大学の名前だけで大企業に就職できるかもしれませんが，知識不足は否めないので大企業の中での身分は，文系就活生なら周知のソルジャー枠（定年まで営業のような現場の仕事に携わる90%の新入社員）から脱皮できません．

ボーダーレス（Borderless：境界や国境がない）でイノベーションしか残されていない複雑な時代に，高校生活をさぼり気味であまり勉強もしないで過ごすと，クラブ活動やボランティア活動をAO（Admission Office）入試の材料に要領よく使って，中堅クラスの大学であまり人気のない学部・学科を狙うか，あるいは，BF大学とその近傍レベルの大学を受験するかのどちらかしか選択の道がありません．ここでのAO入試とは，受験者の人物像と大学の求める学生像（Admission Policy）を対照させて合否を決めるやり方のことです．

AO入試とBF大学受験のどちらを選択しても，最適解が得られることはありません．真剣に悩んだ末に両者の1つを選択し，入試というハードルをクリアして大学に入学します．最初から希望して入学した大学の学部・学科ではないので，どうしても馴染めずに中途退学して再受験を決意する学生が最近増加傾向を示すようになってきました．しかし，再受験は，それほど簡単ではありません．退学すれば入学金と授業料が無駄になり，その日から地獄の受験勉強が再開され，数か月後には，再度，合否の洗礼を受けなければならないのです．その大変さを思い起こしたとき，大多数の学生が入学した学科を我慢して卒業し，そのまま就職の道を選択するようです．こうしたスタート時の躓きは，大学の学部・学科の最初の選択時に「自分の適性と就職分野」というファクターをもう1つ付加して冷静に検討すれば，「大学の学部・学科の選択ミス」がかなり回避されるのではないでしょうか．

受験生の皆さんに心に留めておいていただきたいことが，もう一つあります．今勉強で分からないことが恥ではありません．分からないことを，そのまま放置し続けて，分かろうと努力しないことが恥なのです．ギブアップすることなく何度もチャレンジすれば，理解という到達点が必ず見えてきます．直線の最短距離で到達点に達するか，あるいは，少し回り道をするかの違いです．どのような人にも苦しみはあります．それを乗り越えてこそ勝利が微笑みかけてくるのです．ネバーギブアップの精神を発揮することです．その体験を一度すれば，後は恐れることなく普通に頑張れるはずです．

大学教育は受験生一人ひとりの一生がかかっているので，受験する大学は，慎重に選ぶ必要があります．そのことは誰しもが分っていることなのです．耐えて一山越えた者が，そこそこのレベルの大学の学部・学科に入学し，分かっていても日々の受験勉強の苦しさに耐えきれなかった者は，自分のレベルの山の高さに合った大学の学部・学科，すなわちBF大学とその近傍であっても意外と安易に選択しているように，筆者には見えます．それが横行する理由として，大多数の受験生は受験勉強という代わり映えのしないワンパターンの山越えの日々に耐えられず，いつのまにか「入れる大学に進学すればそれでいいじゃないか」という悪魔の囁きに身を任せているような気がしてなりません．

でも，こうした曖昧な大学選びは，自分が生涯満足することもなく，苦しむ人生の始まりであることを知らなければなりません．苦しみに直面し，後悔しても手遅れです．大学受験は人生最初の関門です．安易に大学選びをせずに，日々の苦しみに耐えながら基本の学習を怠ることなく頑張りましょう．

1.2　大学受験に潜む諸問題

受験生の皆さんが目的の大学の学部・学科に合格すると，それまでの受験の緊張感から一気に解放されて，誰しも束の間の安らぎに浸ります．ただ，安らぎの期間が長引くと教養課程の2年間が瞬く間に過ぎ去って，3年目の専門課程が目前に迫ってきます，3年生になると，卒業後に「企業に就職するか？」，あるいは，「研究者やアナリストなど高度な専門職に就くために，大学院へ進学して学位（修士or博士）取得を目指すか？」という二者択一の岐路が待っています．その岐路に立った時，大学の学部・学科において専門課程の科目をどれだけ深く学修し，そして知識の裾野を広げたかが，「学部での就職」，あるいは「大学院への進学」などの選択性を容易にすることになります．

少子化時代だからと言って，受験生の皆さんが少子化のGate（門）の広さに甘えて，高校での基本的な学習に傾注せずに入りやすさだけを選択基準にしてBF大学（学部・学科）を選んだとします．入試は簡単です．面接試験だけを受けて，入学金と前期授業料を納入しさえすれば合格します．しかし，その後が大変です．たとえば，せっかく入学した大学が卒業までに少子化の影響を受けて倒産したり，経営規模が縮小されたり，あるいはM&Aされたりして，あなた方自身が大きな被害を受ける可能性があります．それだけではありません！　大学（学部・学科）の入学のしやすさ，たとえば，Gateの広さ（偏差値の低さ）だけを選択基準にすると，入学した途端に授業を担当する「教員の質（Quality）」の悪さが目立ち，それが講義レベルと学修内容に影響を及ぼして，大学での専門知識の到達レベルが他大学に比してかなり低いものになってきます．その結果，入学時に夢見た企業や研究所の就職が露と消え去るだけでなく，たとえ就職できたとしても，将来が見込めるポストなどはありません．そのことは，「新約聖書」の「狭き門より入れ，滅びに至る門は大きく，その路は廣く，之より入る者おほし，生命にいたる門は狭く，その路は細く，之を見いだすもの少なし」と記されている通りの結果で，安易な受験が現実味を帯びてブーメランのように自分に跳ね返ってきたにすぎません．

大学入試は，1979年から難問・奇問を排除するために，国公立大学を対象として「共通1次試験」が実施されるようになりました．1978年までは，国公立大学や私立大学にかかわらず，どの大学も一発試験で合否が決定したので，難関大学ほど徐々に難問・奇問に移行していったことは否めない事実です．こうしたことを受けて，1990年からは受験競争を緩和し，大学の序列化を崩す目的で国公立大学に多数の私立大学が参加して，暗記した知識を評価するマークシート方式の「大学入試センター試験」が実施され，今日に至っています．

2020年度から，これまで実施されてきたマークシート方式の「大学入試センター試験」に代わって，新規に思考力・判断力・表現力を重視した記述式の「大学入学共通テスト」に改変されます．新たな「大学入学共通テスト」について，文部科学省は，「大学入学希望者を対象に，高等学校段階における基礎的な学習の達成の程度を判定し，大学教育を受けるために必要な能力について把握することを目的とする．そのため，各教科・科目の特質に応じ，知識・技能を十分有しているかの評価も行いつつ，思考力・判断力・表現力を中心に評価を行うものとする．大学入試センターが問題の作成と採点，その他一括して処理することが適当な業務等を行う」と，その趣旨と実施機関を公表しました．

文部科学省から公表された趣旨の背景として，グローバル化や情報技術の急激なイノベーションに対応するために，「大学入学共通テスト」の試行調査が実施されました．調査試験を受けた高校生や実施した高校の教員などから，「今の授業のままでは問題を解析できない」との声が上がりました．クリアするためには，高校生の学び方が問われるので，「探究的な学び」ができるように高等学校の学習指導要領を改訂し，新指導要領の通りに教えられ，生徒に理解させることができるレベルの教員が要求されます．一部の進学校では，学校独自の問題を復活させ，記述によって思考力や表現力が発揮できるように改善が進められています．そうしたことから，大学受験予備校関係者は，共通テストの難化による新たな受験生の二極化を心配しています．それだけではありません．教育改革による「大学入学共通テスト」を成功裏に導いた上で，大学改革も同時進行できなければ，世界の先端で生き残れないことを自覚するべきです．

直接大学入試ではありませんが，筆者自身は，文部省が1961年10月26日に全国の中学2・3年生を対象に実施した「全国中学校一斉学力調査（1961年から3年間だけ実施されました）」を受けた記憶があります．次年度も受けましたが，1961年の記憶の方が鮮明です．なぜなら，ちょうど「全国中学校一斉学力調査」の前に実施された中学校での国語の試験で，ある文章を読んで答える問題で，なぜ自分の書いた答えが間違っているのか納得いかなかったので，自分の考えのどこがまずいのか質問しました．すると先生から「お前のそういう物の見方や考え方がおかしい．そういう考え方では国語はできるようにならない」ときつく叱られました．先生自身が筆者の質問には答えずに，なぜ，一方的に叱るのか自分自身納得がいかなかったので，当時中学校で国語の先生をしていた親戚の人に同じ質問をしてみました．そうすると，彼女が内緒で見せてくれた教師用の指導書に筆者が受けた試験問題がそのまま出ていました．しかし，その試験問題には模範解答しか書かれておらず，説明がなかったのです．親戚の国語の先生は，「自分もあなたが納得できるような説明をしてあげられないけれども，あなたの先生も私と同様の状況だったので，説明できないと言えずに，逆に居丈高になったのではないの？」と言われて，妙に納得した記憶があります．筆者からすれば，先生の考えを伺いたかっただけなのです．こうしたことから，世界の先進国と肩を並べていくために，小学校・中学校・高等学校・大学と学校教育で一番必要なことは教員の質の向上だと考えます．

なお，産業界が求めるイノベーションに対応した教育改革を実施するために，文部科学省は，高等学校の指導要領を改定して「探究的な学び」を定着させた上で，「大学入学共通テスト」に臨まなければ，入試改革は成功しないと思います．現在の還元主義的パターン教育を進めてきた現場の教諭とその科目を受講してきた高等学校の2年生と3年生が,「大学入学共通テスト」の試行調査試験を受験した結果を例示します.試行調査試験の感想を高校生に聞くと,「非常に難解で筆記試験が難しかった」というのが率直な意見でした.しかし,試験が難しかったからといって,今の先進国の教育レベルから考えて,現状のパターン教育に見合ったレベルに引き戻すことはできないと思います.つまり,物事の筋道を立てて考える論理的思考能力(Logical Thinking Ability)を鍛えなければ先進国での生き残りは難しいからです.

しかし,論理的思考能力を鍛える前にしなければならないことがあります.それは,高等学校の教諭自身が還元主義的パターン教育を受講してきた先人なので,その教諭らを「探究的な学び」に対応し,論理的思考能力を鍛えられるようにレベルアップさせる必要があります.生徒への対応は,それからです.そうしなければ,いくら文部科学省が高等学校の指導要領を改定しても,現在の指導体制で高校生の論理的思考能力を鍛えることは難しいでしょう.すなわち,文部科学省や大学の教員も含めて一大改革をしなければ,我が国が抱える教育の根幹にかかわる問題を乗り切ることはできません.過去にもいろいろ言われてきたのに,小手先だけの変化で誤魔化してきた付けが回ってきたように思えます.世界から取り残されないためにも,今が最後のイノベーションのチャンスです.今は全員が苦しみの大波に身体を晒して乗り越えるしかないのです.

いまここで,我が国の中高教育と大学受験,および大学教育を還元主義的パターン教育から論理的な思考力と表現力を磨く理知的な教育に改変しなければ,教育そのものが世界のBFランクに低下する恐れがあります.真の科学技術先進国として生き残るためにも,抜本的な教育改革と受験改革が急がれます.その意味で,文部科学省の新しい「大学入学共通テスト」の導入は歓迎されるべきものであると考えます.「大学入学共通テスト」の中で,国語は「読解力」と「表現力」,数学は「解析力」がそれぞれ身につかなければ,教育改革の意味がありません.つまり,「読解力」「表現力(話す,書く)」「解析力」は,非常に重要な要素であるにもかかわらず,現在,実施されている還元主義的パターン教育では,最もなおざりにされている部分でもあります.こうした部分を鍛えた成果を大学入試で問うことは，最も歓迎される改革だと思います．それができなければ，今後，我が国がボーダーレス社会で生き残り，また，世界の先導的役割を果たしていくことは困難であると言わざるを得ません．

若者のパターン化した頭脳を理知的に論理解析する頭脳に変えるには，初等教育から高等教育までのすべての学校教育を根幹からイノベーションする必要があります．反発がどんなに大きくとも，道半ばで文部科学省が腰砕けにならないようにしなければ成果は得られません．今度こそ，文部科学省は教育改革をいい加減でなおざりにしないで，真剣に取り組んでもらいたいものです．ただ，文部科学省だけに任せておけば教育改革がうまくいくわけではありません．重要なことは，初等教育が始まる小学校から何事にも関心をもって創造性を養うように仕向けることと，それを具体化させ，発表する機会を生徒に与えるのは学校です．もちろん，それらを伸ばしていくためには，周辺でサポートする教師の的確な指導が欠かせません．そのために教師自身が，現在のパターン教育における指導方針から完全に脱却して，方向転換を図らなければなりませんが，これが最も難しいことだと思います．

一例ですが，英語が世界の共通語であり，世界中から情報を得たり，また発信したりするために，「読む」「書く」「聞く」「話す」の4技能が避けて通れず，いずれが欠けても意思を伝達する言語としての役割が果たせません．それが分っていても，入試科目としての英語は，「読む」「書く」中心の2技能だけを測定してきました．学習指導要領の改訂により，2006年1月21日から2技能に「聞く」が付加されて，3技能として今日まで英語試験が実施されてきました．2024年度から新たに「話す」が加わることで，4技能を測定する民間の資格・検定試験が採用されるように改善されます．入試科目としての英語が，これでようやく人間の意思を伝達する人類共通言語としての英語に模様替えされる気がします．

4技能の英語試験が民間に委託されることで，単純に計算して「大学入学共通テスト」以外に最大4回の英語の民間試験が付加されることになり，高等学校の年間計画が3年生について非常に圧迫されるようになることは間違いのない事実です．2020～2023年度の移行期間は，民間の資格・検定試験と現行のマーク式のどちらかを大学が選択できます．しかしながら，2017年10月12日の国立大学協会の理事会では，全国立大学が足並みをそろえて両方の試験を併用すべきだという結論になったようです．つまり，ガイドラインで「読む」「書く」「聞く」「話す」の4技能を測定する民間試験と「読む」「聞く」の2技能を測定する大学入試センター試験の両方を受験生に課し，「民間試験の成績を出願資格とする」「センター試験の成績に民間試験の成績を加点し，出願資格とする」「センター試験と民間試験の併用」の3パターンのいずれかを使うとしています．そうなると，移行期間の受験生には大変な負担を強いるようになることはいうまでもありません．

共通テストの英語には，以下の8つの民間の資格・検定試験が採択されるようです．

①Cambridge English：日本ケンブリッジ大学英語検定機構

②英検（実用英語技能検定）：日本英語検定協会

③GTEC（Global Test of English Communication）：ベネッセコーポレーション

④IELTS（International English Language Testing System）：ブリティッシュ・カウンシル

⑤TEAP（Test of English for Academic Purposes）：日本英語検定協会

⑥TOEFL（Test of English as a Foreign Language）：CIEE（Council on International Educational Exchange：国際教育交換協議会）

⑦TOEIC L&R（Test of English for International Communication）：IIBC（The Institute for International Business Communication：国際ビジネスコミュニケーション協会）

⑧TOEIC S&W（Test of English for International Communication）：IIBC（The Institute for International Business Communication：国際ビジネスコミュニケーション協会）

ここで，⑥，⑦，⑧のテストの作成はアメリカのNPOであるETS（Educational Testing Service）が担当します．

上記のTOEICは内容がビジネスマン向けで，アカデミックな内容に乏しいために大学入試の共通テストには不向きではないでしょうか．Cambridge English，IELTS，TOEFLなどは，海外の大学に進学するときに留学生に課せられるテストなので，共通テストにふさわしいと考えます．GTECと英検は中学生以上，TEAPは高校3年生以上が対象とされています．文部科学省の方針では，採用された複数の民間試験から受験生がどれかを選んで試験を受けて，ヨーロッパ言語共通参照機構（Common European Framework of Reference for Languages：CEFR）の評価表を用いて6段階（A1，A2，B1，B2，C1，C2）に換算し，「A2」以上を評価に用います．複数の異なる民間試験結果を特定の評価方式を用いて評価するだけでも正確性に疑問が残るし，それ以外に大学間でも様々な問題提起がなされています．おそらく，大筋で納得いく理解が得られるまでには，まだまだ紆余曲折があるのではないでしょうか．ただし，英語の試験を実施する側からすれば，「どなたも英語で専門書が読め，論文が書けて，プレゼンテーションができるようになって欲しい」ものです．また，受験生の側からすれば，「英語で専門書が読め，論文が書けて，プレゼンテーションができるようになりたい」と願っている双方向からの意見には異論をはさむ余地はないと考えます．

「大学入学共通テスト」の試行調査がすでに実施され，その試験を受けた高校生や実施した高校の教員などもおられるので，国立大学協会には彼らの意見もぜひ参考にしていただきたいと思います．こうした紆余曲折の意見がある中で，一部の大学では，文部科学省が実施の方針を決めている「読む」「書く」「聞く」「話す」の4技能を測定する民間試験に対してあえてクレームをつけずに，大学入試センター試験で実施する「読む」「聞く」の2技能以外の「書く」「話す」は高等学校の証明書で置き換えることにより，受験生の負担をできるだけ軽減しようという動きもあります．「読む」「書く」「聞く」「話す」の4技能を測定する試験の必要性は認めても，4技能を測定する複数の民間試験の結果を受験生が不利益を伴わず，公平・公正に評価する適当な方法が見つからないことや，受験生の負担軽減などから結論が出ていない大学が大半ではないでしょうか．ズバリ「この問題の核心」を一言で言わせてもらうなら，受験生の負担軽減は建前で，本音は４技能を測定する複数の民間試験のレベルと内容が一様に並ぶはずがない．したがって，試験で得られた結果の評価も統一評価ができない．そのことが火種になって，４技能を測定する複数の民間試験の不公平な評価が白日の下に晒されて，非難の声と渦が日増しに拡大することを恐れた結果，各大学が二の足を踏んでいるのだと思われます．

受験生側からすれば，グローバル化が叫ばれる今日，一日も早くこうした問題が解決されて，誰もが大筋で納得できる新しい大学の入試制度を確立してもらいたいというのが本音だと思います．さらに，もう一つ希望を言わせてもらえば，こうした入試をクリアして入学した大学は，優秀な学生に対して，給付型奨学金制度と相互単位認定を含めた留学制度の両方を完備していただきたいものです．こうした配慮が海外の大学と比較して，我が国の大学に欠落している点だと思います．

上記の制度を完備している大学に精一杯努力して入学した暁には，給付型奨学生となって学費軽減を図り，その費用を留学や大学院進学の費用に充てることで，自らの知的向上を図るように努めてもらいたいと思います．入学した大学が留学先の大学と大学間交流協定で単位の互換が認められていれば，学部時代に１年間の短期留学をお勧めします．例えば，短期留学の目的を論理的な思考能力を鍛える，すなわち哲学的思考を身につけることと英語力の向上に絞ります．専門分野の原書が読みこなせるようになるまで努力し，知識を広める．広めた知識は，グローバル化が進む今後の進路の開拓に役立てます．もし，研究者やアナリストを目指して大学院への進学を考えているのであれば，第Ⅱ章の「2.4　学部から修士課程（博士課程前期）まで」や「2.5　博士課程後期」などを参照して，今後の進路を慎重に検討してください．なお，大学院の設置課程は，一般に修士課程（標準修業年限２年）と博士課程（標準修業年限５年）があります．博士課程は，前期２年（修士課程に相当）と後期３年の課程に区分されています．論文審査を終えてそれぞれの課程を修了すれば，修士や博士の学位が授与されます．

本来，それなりに認知されているレベルの大学の学部・学科の内容は，入学（選抜試験に合格）→大学生活（教養＋専門基礎知識の学修）→就職活動

(インターンシップと企業調査)，言い換えれば「入口」「講義科目と学修ポートフォリオ（Portfolio)」「出口」の3部で構成されます．講義科目の理解度は，学修ポートフォリオ（学修到達度を評価基準表で自己評価）が基準を満たしていれば，基本的な知識は得られていると評価します．ただし，学修ポートフォリオは，その大学の施設・設備と指導者である教員の質，すなわち，学修内容と到達度は，教育環境と指導教員のレベルが大きい影響を及ぼすことを知らなければなりません．また，大学院に進学すれば，学部で得た専門基礎知識の更なる深掘りと裾野の広がりが加わり，修士課程（博士課程前期）修了時には修士の学位が授与されます．さらに，博士課程（博士課程後期）に進学した場合，修了時に「博士論文」が研究科の審査に合格すれば，博士の学位が授与されます．ただし，本当に，そのレベルに達するか否かは博士課程後期に進学した皆さんの努力は無論のこと，皆さんを指導する教授の高邁な知識・見識・胆識に負うところが大きいと思います．指導教授の高邁な知識・見識・胆識は，皆さんの成長に後々まで影響を及ぼすので，インターネットで大学院のホームページを開いて，進学を希望する研究科の教授や准教授の専攻分野と国内外における研究業績などはあらかじめ調査し，指導をお願いしようと考えている教授ともアポイントメントをとって面談を受けた上で，博士課程後期の進学を慎重に決めてください．こうして選択した教授であれば，研究のアドバイザーとして学位取得後も生涯にわたってお付き合いしていけると思います．

また，一般には大学が最終職業校として企業と非常に密接な関係を有しているにもかかわらず，大学のキャリアサポートセンターの担当者と企業の採用担当者は，連絡を取り合うことはしても，その内容は説明会と採用スケジュールなどの確認のみで，互いの胸襟を開いて，学生の就職と採用に関する疑問点をぶつけ合って議論するなどということはほとんどありません．なぜ，そうなのでしょうか？　それは，我が国の社会が建前社会であることと，相手のことを理解しようとせずに，意外と疑り深い人間性によるところが原因しているからだと思います．

本書は筆者が任期満了により大学を退職し，雇用者との縛りから解放されたので，ボーダーレスで世界中がイノベーションをやむなくされる複雑な時代に大学・大学院に進学を考えている受験生，あるいは企業への就職を希望している就活生などが，それぞれの立場で役立てられるように企画しました．ほぼ40年間にわたり，大学で教育・研究と学生の就職に携わりながら我が国の大学と産業界が抱える厳しい現状と未来を冷静に観察してきたことが，本書の内容をいっそう色濃くしていると考えます．その中でも，就職活動と企業の人材育成を中心とした第Ⅲ章は，大企業の実情を就職活動に役立ててもらいたくて，情報系企業の元CIO（Chief Information Officer：情報統括責任者）にも議論に加わってもらいました．

1992年以降18歳人口は減少の一途をたどっていますが，2009年ぐらいまでは，バブル景気とその余波で大学進学率が上昇したために，直接大学への18歳人口減少による影響が現れず，逆に，この間で大学数を250以上も増やす結果となりました．こうした社会風潮が，大学教員の質をさらに低下させ，改革されることもなく，大学経営者を驕り高ぶらせる原因になったのかもしれません．しかし，2016年になると私立大学の4割が定員割れ（国立大学でも学科によっては定員割れが目立つようになってきました）となり，少子化の木枯らしが徐々に肌身に染みるようになってきました．

それに追い打ちをかけたのが「2018年問題」，すなわち2018年に我が国の18歳人口が100万人を割って，それを境に90万人近くまで減少を続けるようになることです．それだけでなく，長期にわたる景気の不安定さが追い打ちをかけて，2018年以降，大学進学者は減少する一方で，回復が見込める要素はまったくありません．そのことは大学経営を揺るがす由々しき問題であり，今後，大学の倒産が急増するのは間違いない事実だと思います．そうはなりたくないので，各大学は生き残りをかけて施設・設備など外見上の充実を図ってきました．その結果，どの大学も見栄えは格段に良くなって，定員割れが激しく施設・設備に投資できない大学との二極化が誰の目にも明白になっています．参考までに，780と公表されている4年制大学の中で，2018年度に学生を募集した大学数は764まで減少していることを付記します．

ここでさらに一言，過去には外見のネームバリューや見栄えだけで大学選びをする受験生が相当数いたのですが，皆さんもそれでよいのでしょうか．当然，今までのように大学のネームバリューや就職先を考えた学科選択も，受験生の皆さんにとっては大事な要素でしょう．そのことは理解できます．でも，それだけの単純な選択肢で，今後の人生を左右する大学の学部・学科を決めてよいのですか．もう一つの大事な要素を忘れてはいませんか!!　その回答は，受験する大学の「教員の質」です．

受験生の皆さん，覚えておいてください．大学選びで重要なことは，大学の経営側が「大学の施設・設備」の充実と「教員の質」の向上の両方にどれだけ投資をしたかということです．わかりやすく言えば，「教員の質」を向上させるために，下の教員を叱咤激励しながら指導する能力のある教員をスカウトするにも資金が必要です．今時，施設・設備はどこの大学も綺麗です．それがみすぼらしいような大学は，経営における財務状況が相当逼迫していると見て間違いなく，「教員の質」の向上は望めないと思います．こうしたことも，受験生の皆さんの大学選びに有益な示唆を与えることになるのではないでしょうか．

大学教員は，「研究者と教育者の二面性をバランスよく保って日々研鑽努力を続けている人格者である」と定義されます．研究者としては，常に向上心をもって，「新規性・独創性・社会的有用性のある一連の研究」に精を出し，得られた成果は国際会議で公表し，工科系であれば，さらに成果を論文誌への投稿と特許申請とをして科学技術の発展に寄与します．また，国際会議で公表した内容，投稿論文，特許などは講義に取り込んで分かりやすく噛み砕いて学生に解説し，意識しなくても，日頃から科学への探究心が高まるように学生を教え導く素養が要求されます．

大学教員として博士号の取得は，研究者としてスタートラインに立つためのゼッケン（背番号）のようなものです．もし，「学位の取得を完成型と考え，学位の取得がゴールに繋がる」などという過去の愚かな思考を依然として持ち続けている大学教員が在職しているような大学は，最初に受験の選択肢から除外すべきだと思います．

博士号（学位）取得が大学教員，および研究者やアナリストなどの専門職に就くための最低条件であることを認識し，まずは，学位を取得して専門職のスタートラインに立つ．すなわち，学位を大学教員，および研究者やアナリストとしてスタートするためのライセンスと捉えればよいのではないでしょうか．そして，学位を取得してから生涯テーマの達成に向かって弛まぬ努力を続け，さらに教育にも情熱を燃やして切磋琢磨する教員が，受験生の皆さんが進学を検討している大学にどれくらいの割合で在職しているでしょうか．そのようなことを考えてみたことがありますか？　コンピュータ通信網を最大限活用しても，進学を考えている大学の教員の専攻や業績などを調べるのは非常に難しいことではないかなどと考えているのではないでしょうか？

そうではありません．調べる方法はいたって簡単です．まず，インターネットで大学のホームページを開いて，進学を希望する学科の教授や准教授の専攻分野と国内外における研究業績などを確認すればよいのです．自分がやりたいことを専攻している教授や准教授がいて，その教授や准教授の研究論文が国内外を問わず広く公表されていることを確認する．次に，進学を考えている学科の学生の就職内容が悪くなければ，受験してみる価値のある大学と判断してよいと思います．せめて就職先には，堅実な中堅企業が記載されている大学ぐらいまでを受験対象とする．それが受験する大学を選ぶ重要なポイントです．

ここで，くどいようですが，大学教員の力不足が甚だしく，グローバル（Global：国家間の枠を超えた地球規模の関係）に世界の大学と太刀打ちできる教員を確保している大学などは，非常に少ないことを覚えておいてください．大学に入学して，グローバルな視点で太刀打ちできる教員に真のグローバリゼーション（Globalization：政治・経済・文化などが国境を越えて，世界的規模に拡大すること）を学ばなければ，それは絵に描いた餅で，卒業後に幅広く深みのある活躍などは望むべくもありません．そうした教員がいない大学のホームページやパンフレットには，やたらとグローバルとか，グローバリゼーションという「かっこいい言葉」の羅列が目立ちます．

もう一つ紹介しておきたいことがあります．かつて，筆者が東京都や山梨県の高等学校の進学相談会に頻繁に出掛けた時期があります．当時，多数あった相談の中でも，強く心に残っている２人の高校生の相談内容を簡単に紹介します．

一人目は，都内の女子高校生です．彼女は「大学に進学した後，父が失職しても奨学金を借りて学業を続けられる大学はございますか？　お分かりになれば教えてください」という質問をぶつけてきました．筆者は，まず，「進路の先生には，相談されなかったんですか」と訊ねると，「先生には，質問しても答えは得られません．多分お分かりにならないんだと思います」という答えが返ってきました．そこで，筆者は「学業を続けられる大学はございますよ」と言った後，無利息で奨学金が借りられるレベルの大学を具体的に上げて説明したら，彼女は「ありがとうございました，あとは説明いただいたレベルの大学に合格できるようにがんばります」と礼を述べた後，安心した様子でクラスに戻っていきました．

もう一人は山梨県の男子高校生で，「ロボット関係の学科に進学したいが，具体的にどの大学がよろしいですか」という質問でした．そこで「インターネットを用いて大学工学部の教員紹介欄を開き，あなたが希望している学科の教員に海外の論文がかなりあって，それに国内の論文が続くような状況が確認できれば受験して大丈夫だと思いますよ」と，論文の投稿先である国際学会，例えばIEEE（The Institute of Electrical and Electronics Engineers, Incorporated）やエルゼビア（Elsevier B.V.）などを取り上げて，詳しく説明したのを記憶しています．彼も「さっそく，調べてみます．ありがとうございました」と礼を言って，クラスに帰って行きました．

ここに挙げた2人の高校生は，とっくに大学を卒業したか，あるいは，大学院を修了して優秀な社会人になって「自分の道」を歩んでいると思いますが，「進学したい大学（学部・学科）選び」と「4年間落ち着いて学修できる資金的裏付け」は人生がかかっているので，2人のような高校生にとって大事な要素であることは言うまでもないことです．

施設・設備の充実化が図られたキャンパスで，国内外における研究業績と知識が豊富で知恵の出せる教員が在職する大学を受験生の皆さんが正しく選択されるようであれば，BFランクにあるような問題の大学は自然淘汰され，世界と渡り合える力量を有する教員が在職する大学だけが生き残るのではないでしょうか．その状況は好むと好まざるにかかわらず，大学教員の意思とも関係なく，自然発生的に起こってくるのです．その他に，世界の大学と太刀打ちできるようになるためには，延々と続けてきた日本型の還元主義的パターン教育から論理的な思考と表現力を鍛える教育にイノベーションしなければなりません．つまり，事象に対して疑問を持ち，その疑問を解析していくために「観察力」と「洞察力」を養い，解析結果をプレゼンテーションし，それについて質疑応答ができるような人材を育成する．そうしなければ，我が国の大学の生き残りが難しいのではないでしょうか．ここで，「観察力」は「目に見える部分」を見る力であり，「洞察力」は「目に見えない部分」を見抜く力です．

さらに，我が国の学生のグローバル化を真剣に考えるのであれば，留学生に比べてあまりにも内向きになりすぎている我が国の学生気質を，何事も自然体で対応できるように初等教育から変えていかなければならないと思います．それには，まず教育する側のイノベーションが要求されます．このように提起した数々の問題の解決方法については，第Ⅱ章で詳細に記述します．

ボーダーレスで低成長の複雑な時代を生き抜く受験生や大学生の皆さんは，これから受験しようと考えている大学，あるいは現在通学している大学が，巷に蔓延している日本人独特の内向きな思考形態をかなぐり捨てて，グローバルな視点で国際的に活躍することを念頭に置きながら，国際社会で生き残れるように裾野が長く，幅広い教育成果が得られる学び舎になっているか，あるいは，その方向に向けて現状の改革を試みているかを確認しておく必要があります．我が国の大学でこうしたことを満たしている大学は非常に少ないと思われるので，受験生の皆さんは，受験する大学の学部・学科に国内外における研究業績と知識などが豊富な教員が在職し，施設・設備が十分整っていることを，まず確認して下さい．

受験生の大学における学部・学科の選択ミスが生涯に多大な影響を及ぼすので，その選択は，慎重な上にも，いっそう慎重な対応が求められます．つまり，小学校，中学校，高等学校の12年間一生懸命頑張って，そこそこのレベルの大学に入学しても，入学した大学の学部・学科の学修内容が希望する就職先に適用できなかった場合，生涯社会人として苦しむことになります．

また，実際は選択ミスなどではなく，小学校，中学校，高等学校の12年間の不勉強がたたって中間層までの大学を選択できるレベルになかったので，仕方なくBF大学に入学した．これでは，大学入学時か，あるいは高校の大学受験時に自分の人生に見切りをつけるようなもので，今後の長い人生をどのように生きていけばよいのでしょうか？

「大学の学部・学科の選択ミスをした場合」と「12年間まじめに勉強してこずにBF大学に入学した場合」の2例に見られる受験生や新入生には厳しいようですが，1年間浪人することにより死に物狂いで高校3年分を復習して，再受験することをお勧めします．それだからといって，1年間の猛勉強ぐらいでBF大学のオープンキャンパスでの説明のように免罪符が与えられるような甘いものではありませんが，1年間浪人して猛勉強したのち再受験した方が，そのままBF大学に入学するより，ましな人生を歩めると思います．とにかく，ネバーギブアップで猛勉強の後，1年後に再受験です．同級生より1年遅れることを自覚して，自分にできる最善を尽くすしかありません．一方，大学の学部・学科の選択をミスした学生は，次年度には学部・学科の選択ミスをしないことはもちろんですが，基礎学力はあると思われるので，今よりもう少し上の偏差値の大学に入学できるように頑張りましょう．

大学入学後4年間の学修ですが，授業の理解度は，学修ポートフォリオでレベルチェックをしながら，PDCAサイクル（図3–10参照）を導入して頑張れば良い成績は得られるはずです．就職は本書の就職対応を参照すれば，採用決定に向けてうまく運ぶと思います．

筆者が高校生のある時，週一回の全校生徒を集めた朝礼で，校長がサミュエル・スマイルズ（Samuel Smiles, 1812-1904）の“Heaven helps those who help themselves：天は自らを助くる者を助く”という格言について話されたのを，半世紀を過ぎた今でも鮮明に記憶しています．その内容は「何事も他人に頼ることなく，自助努力する者だけに神の加護がある」という意味です．偉大な発明家であるトーマス・エジソン（Thomas Alva Edison，1847-1931）も「成功は99%の努力と1%のひらめきである」と，サミュエル・スマイルズと類似した格言を残しています．両者の格言は，大学受験生と就職活動をしている大学生の皆さんが知的に向上していく上での苦しみを乗り越えるための励ましになると思い，あえて記述しました．とにかく受験でも就職でも，結果を出す前に腰砕けになって諦めるからうまくいかないのであって，身を捨て雑念を放棄して最後まで諦めずに頑張れば，必ず結果はついてくるものです．自分を信じて頑張りましょう．

1.3　我が国の奨学金制度

我が国の奨学金制度は，他の先進国と比較して甚だしく貧弱で，将来の人材育成意識に乏しい．大学教育の質だけでなく，奨学金などのサポート面でも先進国の中で最低の部類に属するのではないでしょうか．我が国が科学技術先進国だといくら政治家が威張ってみても，先進国における教育環境の貧弱さは恥ずかしい限りです．

本節で取り上げる我が国の奨学金制度の内情は目を覆うばかりで，進学する学生に有利子で貸し付け，卒業後に返還が滞れば複利で取り立てる．卒業生の中には奨学金が返せずに自己破産する人まで出る始末です．まれに無利子であっても元本は取り立てます．どこに奨学金で高利貸しをする国家があるでしょうか．奨学金とは，本来給付型であるべきで，また，対象の学生も成績優秀で収入の少ない学生に限定するべきです．利息まで取って広く薄く国家が高利貸しをする理由がどこにあるでしょうか．また，無償で奨学金を給付して人材を国が育成することに中心をおくべきであり，たとえ貸与型であっても有利子などはもってのほかで，元金の返金程度にすべきだと思います．国家の発展に貢献できる優秀な人材を育成するのであれば，収入が乏しく進学が困難な学生に対しては，今こそ返済義務のない給付型奨学金を増やすべきではないでしょうか．

まだ，文部科学省は現段階の国家的高利貸しプロジェクトに飽き足らず，新たに目先を変えた「所得連動返還型奨学金制度」を創設しようとしています．その目的は，大学等奨学金事業をもって教育の機会均等に寄与するためと称して，「我が国の大学等において学ぶ学生等に対する適切な修学環境を整備し，もって次代の社会を担う豊かな人間性を備えた創造的な人材の育成に資する」としています．返還については，返還期間最長20年の範囲で，貸与額に応じて返還月額と回数があらかじめ定められており，卒業後7か月目から原則として月賦で返還することとなるようです．さらに，大学などの授業料を在学中は国が立て替え，卒業後に所得に応じて返済する「出世払い」制度の導入も考えられています．単純に見れば苦学生の大学進学の道を開いて，均等に教育の機会が与えられたように見えますが，はたしてそうでしょうか．現在不評の国家的高利貸しプロジェクトのようなシステムから，目先を少し変えただけの詭弁としか思えません．

また，返還が困難となった場合は，返還の負担を軽減するための制度が用意されています．低収入の家庭の学生で，無利子奨学金の貸与を受けた本人が卒業後に一定の収入（年収300万円）を得るまでは，本人の申請により，返還を猶予する現行の所得連動返還型奨学金制度を導入したとしていますが，どのように新しい制度を導入しても元本と組織の運営費まで賄おうとする態度が丸見えで，文部科学省で予算を組んで教育環境の整備に真剣に取り組もうとする姿勢がまったく見えてきません．大学の設備や教員の質の低下の対応についても同様で，取り組みが生ぬるいことこの上ないと考えます．

奨学金制度ではアメリカが日本の10倍ぐらいの規模で，最も充実した国家のひとつであると言えます．唯一の問題点は，知名度の高い大学の授業料が高額すぎることです．しかし，こうした環境で得られた教育成果がノーベル賞や基本特許などで世界を先導するベースになっています．どのようなことでも完璧はないので，それに近づけるように努力し，その成果に自分の特徴を結び付けて新規性のあるアイディアを出したり，至高性に結び付けたりできるようになれば，先進国から落ちこぼれることなく，最先端の一角を常に占め続けることができるのではないでしょうか．ここでの，至高性とは，フランスの哲学者であるジョルジュ・バタイユ（Georges Albert Maurice Victor Bataille：1897-1962）が「あらゆる効用と有用性の彼方にある自由の領域であり，他の何ものの手段でもなく，それ自体として直接に充溢であり歓びであるような領域である」と定義していることを指しています.

1.4 就職活動と企業

我が国の企業は生産基盤が非常に軟弱だと言えます. その理由として, 欧米が所持する製品化が可能で, 市場性がある基本特許を, ロイヤリティ (Royalty：特許権使用料) を支払って, その使用権を得る. そして, 使用権を得た企業の研究所は基本特許の製品化だけに特化して目先の研究開発を行い, 新規に開発された製品の特許, すなわち基本特許に対する周辺特許を取得する. つまり, 最も重要な無から有を生み出す基本特許は欧米に依存して, 基本特許を製品化するための周辺特許の取得だけに躍起になる. 周辺特許が取得されると同時に機能性と使い勝手の良さを売り物にした新製品を製造・販売し, 世界市場を独占してきました.

こうした生産現場の技能・技術を支えるために, 学校教育も一般解だけを求める還元主義的パターン教育を続けてきました. 還元主義的パターン教育は我が国が高度成長を遂げる時期には有用だったのですが, 科学技術の最先端を担うまでに成長すると, 逆に, これまでの学校教育が悪影響を及ぼして視野が狭く, 視点の低い目先でうごめくだけの無能な人材を世の中に送り出すようになったのです. それだけではありません. 卒業生を採用する企業も生産現場のものづくりには俊敏に対応できても, 無から有を生み出す基本特許を取得するための人材を育てるためのイノベーションにはまったく対応してこなかったのです. さらに, 我が国の製造企業の特徴であった「生産現場の技能・技術」までもが今日の複雑性に追従できなくなった結果, 高品質な製品の仕上げに影響が徐々に出始めています. それらのことが, 企業の経営基盤を揺るがす根本原因になっていると考えられます.

以上のことから, 学校教育も企業経営も根幹から見直してイノベーションする時期に来ているのではないでしょうか. 学校教育は「1.2 大学受験に潜む諸問題」で指摘したように, 受験システムと日常教育を我が国がおかれているレベルに合ったものにし，学校教育を現在の還元主義的パターン教育からプロセス思考を伴った教育に改変していくことによって，企業も無から有を生み出せる体制にイノベーションできる —— こうしたことが我が国の再生を可能にするのではないでしょうか．

「グローバル化」という言葉がマスメディアを賑わすようになって久しい．しかし，それとは逆行して，今を生きる我が国の若者は，敗戦後の何もなかった時の若者に比べてフロンティア・スピリッツ（Frontier spirit：開拓者精神）に欠けて，ますます内向きになっているように見えます．その内向きとまったく異なる異常な行動に見えるのが，毎日毎日スーツを着て企業訪問をする就活生です．70 歳代を迎えた筆者が大学生や大学院生だったころを思い返しても，山手線や地下鉄のなかで疲れ切った表情を見せながらスマホを取り出し，次の訪問企業の地図を見ている就活生を見ると気の毒になります．筆者は理工系ですが，当時は教授に紹介された企業や研究所を訪問すれば何とか就職が内定したものです．筆者も研究室の学生の就職の世話は，自分の力の及ぶ範囲でしてきたつもりですが，電車の中で見る限り，どうも違うようですね．つまり，現代の就職戦線は，企業も学生も両方ともが常軌を逸しているとしか，筆者には思えません．

極端な例ですが，事前登録（Pre-entry）後にカフェなどで行われるリクルーター面接で「私は御社の犬になります」と訴えた就活生に，担当の若い一般社員が「我が社に対して忠誠心あり」と心の中で判断したのか，あるいは，「発言がユニークで面白い」と感じたのか，それだけで次のステップに進んだというような話を文系の就活生から聞くことがよくあります．そこで，就活生に採用面接で内定を出した企業の経営者に，「リクルーター面接者にそのような軽薄な人を据えて，御社の採用に未来はあるのですか．人間としての尊厳性を無視した面接者に，企業人として何ができるというのですか．また，このような卑屈なことを平気で言えるような人間を採用して，それが会社のプラスになるとお考えですか」と逆に質問したいぐらいです．

調子よく「私は御社の犬になります」と言って内定を貰った都会の就活生に対して，朴訥で精一杯真面目に答えた謹厳実直スタイルの田舎出身の就活生は，話し方に面白みがなく，客相手の仕事では戦力にならないと判断したのか，彼はそこでアウト．しかし，両者を比較して謹厳実直スタイルの不採用の学生が，調子いいチャラチャラした都会調の内定学生に企業人として戦力的に劣るという根拠が何処にあるのでしょうか．一時の勝手な判断で不採用とした田舎の学生が他社で企業人として花が咲き，調子よく戦力になると思って採用した都会調の調子いい学生の方が伸び悩んで早期に退職する確率が高いかもしれません．それでも，ソルジャー（Soldier）採用とはそんなものだと放置するのでしょうか．

こうした短時間の面接で発生する採用時の就活生と企業とのミスマッチをできるだけ防止するには，知識水準と企業人としての伸びしろの両方を見極めるための評価方式を企業ごとに作成し，その評価方式に則って採否を決定することが理想であると考えます．また，入社試験を受けるか否かの判断材料として，採用試験を受けたいと考えている職種の企業の実務を知るために企業説明だけでなく実働を伴うインターンシップ（Internship：就業体験）への参加を就活生に求めます．インターンシップに参加して，これならやってみたいという意欲のある就活生に対して，試験と面接を実施するというのはいかがでしょうか．

その他に女子学生であれば，ホステスやコンパニオンなどのアルバイトの経験があって，さり気なく面白可笑しく下ネタをサラッと披露してその場を和ませると，リクルーター面接を簡単に通過して内定につながったなどという話がまことしやかに伝わってくることがあります．ただ，何を思ったのか，リクルーター面接者が担当した女子学生と付き合ってトラブルやセクハラ問題を起こしてマスメディアを賑わすことがよくあります．しかし，こうしたリクルーター面接を通過しなければ，人事課から役員につながる採用面接には進めないようです．稀に，それが理解できずにリクルーター面接を受ける就活生もいるようですが，その場合はリクルーター面接の段階でアウトになるらしいです．ただ，ソルジャー採用は日本の企業独特のシステムで，留学生には受け入れ難く，とても理解できる範疇でないことも事実です．

企業からすれば10％の就活生を将来リーダーとなる人材として採用し，

90％の就活生はソルジャー採用することで，両者のバランスが取れていると経営者や人事担当責任者は考えているのかもしれません．しかし，少子化がますます進行し，大学にとっても定員割れが深刻になり，それを受けて企業の採用人数を賄えない人手不足の冬の時代が徐々に近づいています．それでも，まだ，深刻さを意識することもなく企業の面接者と学生の間で，このような馬鹿げたパフォーマンスによる採用方法をとり続けて，就活生の下ネタをセレモニーとして楽しむような「ゆとり」が持てるのでしょうか．ボーダーレスで高付加価値な製品の提供が要求され，多種多様な競合先がひしめき合う国際消費市場を先導できる人財の卵である人材の採用が，これまでのように思い通りに運ぶとお考えですか．企業が勝手にソルジャー枠だと思っているレベルの学生でも，社会情勢や企業の内容をよく調査・観察しており，情報収集には余念がないのです．ただ，採用レベルを自分なりに心得ていて，そうした一面を見せないだけなのです．企業の人事担当者が気にも留めずにソルジャー枠の就活生を甘く見ているほど，彼らも馬鹿ではないことを企業の人事担当者にも忠告しておきたいと思います．

グローバル化と少子化がますます進行し，それに追い打ちをかけるように教育水準も高学歴化して，大学の学部卒が一般化することで，初任給を含めた賃金体系が高騰化しています．労働に対する賃金体系が高騰化すると，それに見合った高付加価値の新製品の「開発と生産」が要求されるようになってきます．しかし，その要求に応えられる企業はきわめて少数で，大多数の企業は生産性が低下し，やがてM&Aの対象となります．こうした厳しい環境の中で，我が国の若者の人口が減少し続け，それに反して高齢化が急増するので，我が国の若者だけでは新製品の開発技術者と生産系技能労働者の両方を賄い切れません．それを補填する意味合いから，アジア各国の留学生に対して企業の知的技術者から生産系技能労働者（生産技術者）まで幅広く依存しなければならない状況に追い込まれているのではないでしょうか．

こうした情勢下で，「企業が口ではグローバル化を声高に叫びながら，いつまで日本人中心の内向きな人材採用を続けるのですか？」と，この質問を人事担当者というより，経営者に直接ぶつけてみたいのが本音です．先進国の大学や企業が少子化の洗礼を受けて不安定要素がますます増大するだけで，逆に，経済成長はほとんど見込めません．発展途上国も先進国の先が見通せない低成長の暴風雨を真正面から受けて，先進国以上に苦しんでいます．日本の企業は，未だに「過去の…してはならぬ」方式や採用した人材の狭囲な倫理観などから脱皮できずに，企業の将来ビジョンなど示せるのですか．船長である経営者が羅針盤と舵を用いて，将来を正しく見通して操作しなければ，船員である社員は舵のない泥船に乗るしかありません．船員（社員）であるという理由だけで羅針盤と舵のない泥船に船長（経営者）と相乗りし，それに一生の運命を託して沈んでいくのは，惨めという他に言葉が見つかりません．

ただ，ここで一言述べておきたいのです．生産性の向上だけでは企業，ひいては国家の発展は望めません．なぜなら，生産性が向上したとしても，製品に付加価値がなければ，当然のこととして企業価値も上がらないのです．その結果，経営条件の一つである増収・増益どころか，付加価値のない製品を生産すればするほど，莫大な設備投資や人件費の高騰などから赤字がますます増大するばかりで，倒産という二文字が眼前にくっきりと浮かんでくることになります．戦後，政府と企業群は護送船団方式を採用して，還元主義的パターン教育，および真面目な国民性と厳しい管理などのもとに科学技術先進国まで上りつめました．その栄華もバブルがはじけるとともに吹き飛んで，不況の嵐が吹き荒れるようになってきました．さらに，「ボーダーレス化」の大波が押し寄せて，日本丸が方向性を失った木の葉のごとく大海で揉みくちゃにされている状況です．

それを受けて，第Ⅲ章では，「競争・消費市場」「労働市場」，および資金調達・投資形態などに関わる「資本市場」において，今後の生き残りをかけた対応に追われている企業（＝産業界）に焦点を当てて，産学間に横たわる採用のミスマッチの対応と採用した人材を人財まで育成する方法などについて詳しく解説します．次に，産学間に横たわるミスマッチの解消方法については，第Ⅳ章で詳細に記述します．第Ⅴ章では，第Ⅳ章における産学のミスマッチの解消方法を受けて，「新しい人材の育成方法」を新規に提案します．第Ⅵ章では，全体のまとめと，「ボーダーレス化」が進行する中で，今後の産学の進むべき方向性を示唆していきたいと考えています.

1.5　留学生の受け入れと少子化対策

我が国の若者の人口が減少するということは，大学進学者と企業への就職者が減少するだけでなく，逆に，高齢化が急速に進行することにつながります．つまり，減少する若者が増加する高齢者を支える訳ですから，様々な面で負担が増大し，大きい社会問題を呈することになります．それだけではありません．少子化は労働人口の低下につながるだけでなく，内需をも低下させます．

地球規模で人口問題を考えると，科学技術先進国の人口は減少の一途を辿っていますが，発展途上国の人口は，逆に増加し続けています．こうした人口問題における科学技術先進国と発展途上国のアンバランスも国際連合（United Nations）が中心となって早期に対応すべき問題であると考えます．それだけではありません．増加し続けている発展途上国の若年者教育とその教育関連施設の整備なども世界規模で支援していく時期が来ているのではないでしょうか．人口問題や若年者の教育問題における支援の中心的役割が担える国際機関は，ユネスコ（United Nations Educational, Scientific and Cultural Organization, UNESCO：国際連合教育科学文化機関）です.

発展途上国の人口問題と教育問題の解決を図るために活動するユネスコに呼応して，先進国がODA（Official Development Assistance：政府開発援助）を有効利用して，発展途上国の学校建設を含めた施設・設備の充実化と維持管理を含めた援助，および教員と官僚の養成なども受け持ってはいかがでしょうか．それに付随して，ODAによって教員と官僚などが養成されるまでの期間は，先進国が教員と官僚などを発展途上国に派遣することを提案します．また，資源の開発とその工業化についても，先進国のODAに含まれるべきであると考えます．そこで働く高度な技術者の育成には，先進国の高等教育機関と企業が理論から実務にわたってサポートすることが理想ではないでしょうか.

その他に，先進国の大学は留学生を積極的に受け入れて，発展途上国に対して知的面からのサポートを期待します．彼らに高度な教育を 4 年間受けさせる間に，企業が実施しているインターンシップにも参加させて実務経験を積ませます．その上で，大学卒業後に企業に送り出せば，先進国の若い人材不足や労働力不足の問題が一気に解消することになります．それが，ひいては先進国の若者人口の減少と高齢化の防止にもつながり，先進国と発展途上国の間に横たわる人口問題のバランスもとれてきます．

ここで記憶にとどめておいていただきたいことは，発展途上国からの留学生を，労働力不足の解消と人口減少の防止の役目だけに充当させる行為だけはやめてもらいたいものです．これまで発展途上国からの留学生の就職は，常に差別の対象となってきました．例えば，難関大学の留学生が我が国の大企業に採用されても，契約内容がとてもひどいものでした．それでも大企業の採用は良い方で，ほとんどが中小企業の人手不足を補う便利屋でしかなかったのです．今日のように少子化で大変な労働力不足に陥ると，手のひらを返したように調子よく採用する．このような人権を無視した恥さらしなやり方は，もうやめにするべきです．今のような目先の対応をいつまでも続けると，国家も，企業も，国民も含めて世界の孤児になるのではないでしょうか．今のうちに自重するべきです．

今後は，彼らが就労ビザを取得して，10 年以上先進国の企業で活躍した後に帰国すれば，どの人も母国の貴重な人財として第一線での活躍が期待できるように就職先の企業に育成を希望します．我が国は，発展途上国からの留学生を都合よく場当たり的に酷使して，現場の不足を補填する便利な道具ぐらいにしか考えていないのではないかと思えることがよくあるのですが，これは筆者の思いすごしでしょうか．企業の管理職の方は，ちょっとでよいので胸に手を当てて考えてみていただけませんか．

一方，非常に優秀な留学生には給付型奨学金を付与して大学院に進学させ，研究者やアナリスト，あるいは，母国の大学教授や官僚などとして国家の主要部門で活躍できるように養成することも先進国の役目ではないでしょうか．

こうして先進国が発展途上国の開発援助や留学生の受け入れによる人材育成などで協力することは，過去の歴史が示すように，いつの日か彼らが帰国して母国のそれぞれの部門で専門的な能力を発揮するようになった時に，留学先で培った学友との人間関係が国家間交流にまで発展し，両国の良い関係が末永く保たれるようになると思います．それ以外に，稀にではありますが2国間がイデオロギー（Ideology：資本主義対社会主義のように，思想の違いが政治的な対立軸となる現象）や利害で政治的に対立しても，両国の地方自治体同士が交流して，民間交流の輪を広げていくケースなども見受けられるようになってきました．

こうしたことの積み重ねが，科学技術や文化の交流につながり，やがて世界平和に向けた人類共通の発展につながっていくことになるのです．こういった活動は，先進国の政治家や団体に任せておけば済むことではありません．国民の一人ひとりが向上心を持って正しい歩みをしていくことから始まるものなのです．なかなか難しい問題ですが，そのためには最貧国から先進国まで，共通に教育が受けられる機会が均等に与えられる世の中になることが理想です．

第Ⅱ章
大学と大学院に求められる教育と研究

2.1 大学受験とキャンパスライフ

受験生が大学のオープンキャンパスに参加すると，偏差値の低い大学ほど，教職員が自ら教育に対する情熱と親切なサポート体制を必要以上にアピールし，学生の面倒見の良さと卒業生の就職率の高さだけをやたらと売り物にしてPR（Public Relations：広報活動）する光景をよく目にします．ここで強調することは一つです．「これまで少し勉強が遅れていても私どもの大学に入学すれば，教員は教育熱心なので必ず成績はみるみるアップして，就職もうまくいきますよ」という悪魔のささやきです．これまであまり熱心に勉強してこなかった受験生がその話を聞くと，自分自身がこれまで一番気にしていた成績不振に免罪符（悪魔のささやき）という明るい一条の光が差し込み，夢と希望に満ちたバラ色の人生がイメージされます．そうなると受験生の気持ちがみるみる高揚し，ウキウキした喜びの表情に変身するのを目の当たりにすることがよくあります．しかし，有り難い御宣託はひとまず横に置いといて，免罪符を与えた大学の施設・設備や教員の教育・研究業績，および就職内容（就職率ではなく，就職先の企業の規模と人財数，および配属先）などを冷静に調べてみれば，その言葉の裏に，その大学が抱えている数々の致命的な問題が浮上してきます．

たとえば，大学の学部・学科選びとその学科の偏差値，および教員の質の問題です．受験生が大学（学部・学科）選びを誤ると，たちまち就職活動で不利益を受け，不安定な生活が生涯つきまとうことになります．つまり，企業は自らが決めている採用基準に達しない大学の就活生であっても，文部科学省と厚生労働省のペナルティー（Penalty：指導）があるので，仕方なくエントリーはさせますが，一次選考でバッサリ切り捨てるのが通例です．そのことを理解してもらうために，ある情報工学系大学を紹介します．

その大学は，「情報工学とビジネスの学際領域で活躍できる人材を育成する」という「うたい文句」で開学し，留学生を比較的多く受け入れています．少子化時代を迎えた我が国の労働力不足を補填するという非常に重要な役割を担っていることだけは紛れもない事実です．理想とする教育環境は，優秀な日本人学生を増やして，留学生があまり苦しまずに日本語で会話ができる人的環境整備を含めた学修環境を整備することです．そうなるためには，「留学生の比率があまりにも高すぎる」現在の異常な学内環境からの脱皮が優先されます．

それでも，その大学に留学生が詰めかけて，ボトムアップが図れてこれたのは，教職員が留学生に親身に接したことと，就職の面倒をよく見たことに他なりません．ただ，一生をかけた大学の選択基準が，このように安易であってはならないと思います．受験生は，よく調べてから進学する大学（学部・学科）を選択するようにしましょう．

進学する大学（学部・学科）の選択を誤ると生涯にわたって，選択ミスから発生するさまざまな問題を引きずって苦労することになります．それを未然に防止するために，失敗のない大学・学科の選択方法を分かりやすく説明します．大学・学科の選択を誤らなければ，「文系」「理系」に関係なく学年が上がるごとに専門基礎知識が深まり，充実した大学生活が送れるようになるのではないでしょうか．

一方，経営者がそれなりの覚悟をもって望んでも，少子化の中で大学を改善することは並大抵のことではないのです．これまでBFランクに甘んじてきて，今更，よい教授を呼んでくるための人材投資と最新の施設・設備投資をしても，今までの悪いイメージを払拭することは難しく，逆に無理な投資で倒産を早める結果になるかもしれません．

ゆえに，進学者数が減り続け，赤字経営である上に，ワンマン経営者がほとんどを占めるBF大学に改善を求める方が無理というものです．ここは受験者が賢くなって，BF大学の受験はできるだけ差し控えることをお勧めします．それが人生を間違えない第一歩です．2018年度以降は受験生が大幅に減少し続けるので，高校の勉強を少し真面目にすれば，誰でも社会で認知されるレベルの大学には入学できる筈です．

2.1.1 オープンキャンパスから入学試験

紹介した情報工学系大学の 2016 年度は，オープンキャンパスから入試説明会を経て実施した入学試験には，定員の 3.5 倍以上の留学生が押し寄せてきました．新設キャンパスにもかかわらず，こうも好評である理由として，留学生の就職率が 83 ～ 88％で格段に高く，文部科学省が公表している留学生就職率（全国平均）の 2 倍以上の高率であったことがまっ先に日本語学校に評価されたようです．つまり，就職率が他の大学に比べて非常に高いことが優位に働いて，受験者数が急上昇したと分析しています．受験者数が増加するということは，連鎖的に留学生の学力アップにも繋がります．

留学生の受験が好調になればなるほど，日本人学生の入学率を上げなければという気持ちが教職員に強くなってきました．その理由として，留学生数に対して日本人学生数が少なすぎるというだけの単純な理由ではなく，留学生数と日本人学生数の比が 2：1 ぐらいになれば，小さな学生グループの輪であっても，その輪の中に少なくとも日本人学生が 1 人は居ることになります．そうなると，留学生は日本語で会話する機会が自然に増えて，今より楽に日本語の会話力が上達します，それに呼応するように，日本人学生は英語圏からの留学生も多いので英会話力が上達し，両者にとって相互にメリットがあることになります．

留学生と日本人学生との交流を盛んにし，我が国の大学のグローバル化を図るためには，定員の 3 割以上留学生がいる大学には交流会館を設けることを文部科学省が義務づけて，留学生と我が国の学生がわだかまりなく交流できる場を設ける努力をするべきではないでしょうか．そうすることで異文化交流の場が広がって，内向きな我が国の学生の目も徐々に外に向いてくるように思えます．これからの少子化時代を生き残れるのは，こうした意欲のある積極的な大学だと思います．なお，留学生との交流会館は，かなりの大学に設けられていますが，大幅な定員割れを留学生で補充している大学にはあまり設置されていないようです．

積極的に交流することで，留学生の日本語能力試験1級合格者数と日本人学生のTOEIC 700点以上取得者数の大幅な増加が見込まれます．それが就職内定率の向上に有利に働くだけでなく，留学生と日本人学生の異文化交流が盛んになって，グローバル化への路が広がります．

上記のオープンキャンパスでの教職員の入試説明を100％信じて入学したとしましょう．説明通りであれば何の問題もありませんが，入学後に徐々に化けの皮が剥がれてきて，オープンキャンパスでの教職員の説明とは真逆になった場合は，学生にとって大問題です．最悪受験し直すとしても，1年間を棒に振ることになります．

そうした最悪の事態を避けるために，本書の「2.1.2　IoT化教育とキャンパスライフ」「2.1.3　就職活動と卒業」「2.1.4　キャンパスライフの総括」に記述されている内容を熟読した上で，まず，受験生の皆さんが，BF大学の不備な環境整備と研究業績の乏しい教員の実態を正確に把握して下さい．その上で，「2.2　実情と適性に基づく大学選びのコツ」を参考にしながら，受験する大学の学部・学科を正しく選定して，その大学に合格することです．入学後に幅広く学修できる環境であれば，大学卒業後に社会人としての着実な第一歩が踏みだせるようになるはずです．

2.1.2　IoT化教育とキャンパスライフ

(a) IoT化教育

情報工学系大学の入学式では，いよいよ待ちに待った4年間の大学生活が始まるので，それぞれの学生の気持ちがウキウキと高揚している様子が読み取れます．その気持ちのままで4年間頑張って学修できる環境が整備されていることが理想ですが，偏差値が下の大学ほど，大学の設備，教員の質，および周囲の仲間のいずれを取っても，望ましいというには，ほど遠い環境にあると言えます．そうした何を取っても不十分な環境の中で一人だけ向上心を失うことなく努力をして，成果を上げ続けることなどは不可能に近いと思います．落ちこぼれを出さない最初のポイントは，まずは，遅刻と欠席をさせないように，その兆候が見られた場合はクラスアドバイザーから本人の携帯に連絡を取って出席を促すことと，それでもだめであれば住居を訪ねて直接出席を促すようにします．次に，教科書は必ず購入させ，授業ではノートをとるように指導します．留学生の場合は，クラスアドバイザーが不慣れな日本での様々な悩みの相談に乗ることも重要な仕事です．それでもどうしようもない深刻な状況に陥れば，本国にいる両親に国際交流センターから電話で連絡を取って状況説明をし，ご両親から本人に話してもらうようにしています．そうすることで，何とか解決にもっていっているのが現状です．こうしたたゆまない日々の努力によって，できるだけ落ちこぼれを出さないようにしています．それでも，まだ，満足いくまでには至っていないのが現状です．

高学年に進級したときに始まるインターンシップ（1～2週間程度の企業説明と実働体験）を含む就職活動を見据えて，授業は日本語で行われています．それは，大半が日本での長期就職を望んでいることに起因します．われわれからすれば，彼らが我が国の技術を身につけて帰国したのち，その技術を本国で役立ててくれることを望んでいます．そうなるためには，まず日本語で会話し，理解力を深めることが大きい要素になると考えるからです．また，日本語で無理なくコミュニケーションが取れることと，文章にまとめて書くことができなければ，中小企業でも就職が困難になってきます．就職できなければ帰国するしか方法がありませんし，技術力が身につくこともありません．

それぞれの科目で理解力の向上を図り，できるだけ留年者を出さないように，Listening（聞く），Reading（読む），Speaking（話す），Writing（書く）の4技能について，留学生には日本語教育，日本人には英語教育を1～2年生で重点的に厳しく指導しています．日本語教育がうまくいかないと，留学生はこれから学ぶ工学基礎科目をクリアできなくなります．最初でつまずくと，専門科目には進級できません．そこで，数学，統計学，物理学，化学，電子工学などの工学基礎教育にはベテラン教員を配して基礎力の充実に力を入れるようにしています．そうして基礎科目がマスターできるように，かなり厳しく指導しているのも事実です．それでも，留学生の場合，アジアの国や地方で学力差があまりにも大きすぎるので，どんなに手をかけても我々が期待しているレベルまで全員を引き上げるのは非常に難しいのが現実です．

2～3年生では，IoT（Internet of Things：モノのインターネット）を授業に取り入れた専門教育プログラムが準備されています．図2-1はその一例です．IT（Information Technology：情報技術）関連授業ではセンサによる測定データをインターネット経由でサーバーにストアする技法をまず学修します，ビジネス関連の授業では，製品の市場調査データも同様にサーバーにストアします．次に要求されることは，サーバーにストアされている豊富なデータ群から，目的に合った複数のデータを端末（コンピュータ）に読み出します．読み出した複数のデータにAI（Artificial Intelligence：人工知能）を用いて統計処理をし，得られた処理結果をサーバーに蓄積されている既知の対照データと比較しながら評価することで，この統計結果が実用面にどのように生かされるかについて学修します．

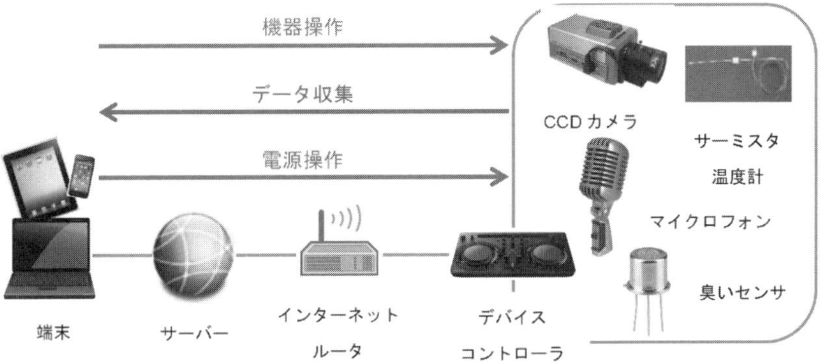

図2-1　IoTによる情報収集

しかし，AIを用いて統計処理をするといっても，ただExcelを立ち上げてデータ処理の仕方を通り一遍に演習するだけで，AIの概論を学生に分かりやすく講義できない教員が意外といます．ましてや，実用統計学の基本が学生に理解できるように講義するなどは，BFレベルに採用されている教員の力量では無理なことです．データの正規分布に基づくバラツキの基本を学生が理解しなければ，Excelを立ち上げてデータ処理をする意味がありません．逆に，パソコンを使わせるだけで，そこに横たわる理論を学生に理解させる工夫が教員になければ，「教師としての資質に欠ける」のですが，こうしたレベルの人物を採用している大学が意外に多くあるように思われます．そして，教員の質が悪いと，学生の質の向上はあまり望めません．

大学教育で問題なことは，IT教育を謳いながらハードとソフトのコネクションが理解されるぐらいまで講義と実習が行われていないので，例えばIoTという言葉は知っていても，「それが何か，システム構成と機能を含めて分かりやすく説明してください」と問いかけると「よくわかりません」という答えが返ってきます．IoTというのは図2–1に示すように，Thing（物）から発信された信号（情報）をセンサでキャッチし，インターネットを経由してサーバーにストアする．ストアされた情報を必要な時に端末で読みだし，AIを用いて解析する．ただ，それだけのことです．しかし，それぞれの授業の科目構成がバラバラで，連携が取れていないので，学生には理解できません．教員も，ただ自分が担当している科目を勝手な理解で講義しているだけで，学生に理解させようとする工夫がないのです．

たとえば，Thing（物）から発信された信号（情報）をセンサでキャッチするといっても，「木製テーブル内部のひび割れや小さな空洞検査のような場合は，どのようにしてデータを得るのですか？」という学生の質問に対して，適切な説明ができる授業担当教員がどのくらいいるでしょうか？　いつも図2–1に示すようなコンピュータに直結して，直接データを得るようなセンサの使用に慣らされているので，木製テーブル内部のひび割れや小さな空洞検査のような間接的にデータを得る方法はイメージしにくいのではないでしょうか．さらに学生が「X線照射による非破壊検査の手法を用いて得られた画像データを直接解析するか，あるいは，木製テーブルを叩いて得られた音を比較して正常と不具合を選別するかのどちらの方法が適切で，簡単にデータが得られると思われますか」と，更なる質問をしたとします．とっさに答えられず，戸惑う中途半端な教員もけっこういるかもしれません．しかし，X線照射による非破壊検査は測定者が放射線被ばくの危険を伴うので，X線が遮蔽された特別な環境（管理区域）でなければ測定できず，自動測定されて，得られたデータをサーバーにおとせるといった，簡単なIoT感覚で対処できるようなものではないのです．

したがって，X線照射による直接測定と打音による間接測定の二者択一であれば，フランスの数理学者であるFourierが発見したFFT解析（Fast Fourier Transform Analysis）によって得られた打音の間接データを分析し，分析結果を解析する方法を選択するしかありません．そのことを学生に分かりやすく説明する必要があります．こうした質問を受けたら，その場で簡単に答えるぐらいの力量が担当教員に要求されます．学生が勉強して力量不足の教員が立ち往生するぐらいのレベルにでもなれば，大学は教員の入れ替えによって生き残りをかける努力をするのではないでしょうか．

その他に，C＋＋，Visual Basicなどでも，プログラミング言語の理解とソフトの使い方を学びます．成果は資格を取らせることで確認し，取得した資格は就職に結び付けるようにしています．このように資格を取らせるだけの教育であれば資格取得を目的とした専門学校が適切です．ハードとソフトの組み合わせについて十分な理解が得られた上で，自分がやりたいことについてアイディアが出せるような学生を輩出しなければ大学教育とは言えないと思います．

3年生後期に開講する「卒業研究入門」では，学生はIT系とビジネス系の中から希望の研究室を選択します．そしてそこで，卒研入門から4年生の卒業研究論文をまとめるまでの1年半を，選択した教員の研究室で専門基礎知識の習得と卒業研究とに邁進できるようにカリキュラムが組まれています．

一例をあげると，M研究室の卒業研究は，「健康器具や医療機器の評価と開発」と「機器のライフサイクル・コスティング（Life Cycle Costing：LCC）」の2テーマを開講しています．ここで，LCCとは製品の開発・設計から製品の使用・廃棄に至るまでのライフサイクルの総費用を把握することです．M研究室では，米国の国防総省が定義したLCC概念を民生品に適用して，製品を定期的にメンテナンスしながら機能を低下させずに無駄なく使い切る手法を，IoTを用いて検討しています．

M研究室は4年生が6人であったので，1テーマを3人ずつの担当とし，研究成果は，それぞれのテーマの代表者に春と秋に開催される学会のシンポジウムで発表させました．社会人として活躍する今後のことを考えると，発表者にとって非常によい経験になったことは紛れもない事実です．ただ学内で学ぶだけの純粋培養ではなく，シンポジウムに参加されている様々な人との質疑応答を経験させることも，彼らを成長させる要因であると考えるからです．

その他にM研究室では，4年生の企画で卒業間近の1日を企業の工場とミュージアムの見学で過ごします．学生にとって，生産現場である工場や，その工場で生産された製品を展示したミュージアムなどを見学することは，卓上の授業の一端を実際面から補完する意味で，非常に有意義な1日になるのではないかと思われます．

(b) キャンパスライフ

毎年5月中旬過ぎに「新入生歓迎会」が実施されます．「新入生歓迎会」の目的は，学園生活に慣れてもらうことと，国籍の異なる学生同士が親しくなれる機会を提供することです．

こうした機会をできるだけ多く設けることで教職員と気楽に話せる機会を作ったり，友だち作りをする場を設けたりして，寂しくなったり，困ったことがあれば，教職員や友だちに気軽に相談できるような環境づくりをします．しかし，いろいろ対応しても年間で2～3名の退学は避けられません．孤立を防止するために，2～3か月に一度は，見学旅行やバーベキューパーティーなどを実施して親睦を図るようにしても，孤立の解消はなかなか難しい問題です．例えば2016年は，8月に学生の希望者と教職員の有志が参加して，留学の寂しさに負けないようにバーベキューパーティーを実施しました．その他に，鎌倉の文化探訪と江の島散策など年間計画で定期的に実施しています．また，旧正月の休日は有志が集まって，それぞれの国の料理を一緒に作って味わえるような機会を設けています．

この大学に限らず，こうした努力をしてもなかなか友だち作りができなかったり，深刻な悩みを抱えていてもクラスアドバイザーに相談できなかったりする学生がいます．それは，それぞれの国の国民性の違いや，一人ひとりの人間性の違いが影響を及ぼし，教員側が注意していてもなかなか対応が行き渡るのは困難だからです．本人が悩んだ末に帰国するようになって初めて知ることのほうが多いように思えます．また，そこまで深刻になる前に対応したいのですが，これだけは本当に難しいことです．

その他に卒業研究の進捗状況の理解を深めあうことと，親睦を図る意味で中間発表のための合宿が3研究室，学会発表の参加が1研究室，その他の研究室は企業見学などをしたようです．

こうして，卒業研究の入門から始まって，卒業研究と成果の学会発表，研究室内の親睦を兼ねた合宿，および企業見学など様々な知的経験を積んだ後，最後に卒研発表が認定されれば，それぞれの研究テーマごとに卒業研究論文をまとめて研究室を巣立っていきます．

また，地域連携の一翼を担う意味で，生涯学習センター主催のプログラムにも積極的に協力しています．例えば，夏休みに小学生を対象に開催したコンピュータ講座，地域の中小企業に勤務する技術者対象の講座，および区内の商店街対象の海外からの観光客講座などです．

2.1.3　就職活動と卒業

この大学では，日本人学生の就職内定率が100％で，留学生が83～88％の就職内定率をマークしています．就職内定率だけを見れば優良ですが，その内容は，決して満足いくものではなく，まだITという名の派遣会社への就職が多すぎます．今の状況では，留学生が帰国したときに，「母国発展のインフラ整備に参画してもらいたい」という筆者の願いは叶いません．

筆者の希望の灯りを煌々とともすには，教員が研究者と教育者の両方を満足する真の大学教員となって，学生をリードするしか方法がないのです．「学生が勉強をしない」とか，「力不足だ」とかいう教員は，自分の今の姿がまったく見えていないと思います，まず，講義する側の教員が幅広い研究を続けて，その成果を論文誌に投稿し，自らが大学の教員としてふさわしいレベルに達しなければ，この問題は永遠に解決しないのではないでしょうか．すなわち，教員の知的な裾野が拡がれば，学生の「学力と就職の質（内容）」の向上が自然に見えてきます．

つぎに，就職関連授業と学生の姿勢に目を向けてみましょう．学生は3年生の前期と後期で，インターンシップと就職活動に結びつくキャリア・カウンセリング講座を受講します．キャリア・カウンセリング講座は，1年間をかけて就職内定を勝ち取るための基本的な知識を身につけさせる構成になっています．主な講義内容は，就職ガイダンス，SPI（Synthetic Personality Inventory：適性検査）対策と模擬試験，履歴書の書き方，インターンシップ，就職情報サイトへの登録，身だしなみとマナー，模擬面接指導，新入社員との懇談会などです．

キャリア・カウンセリング講座が終了すると，いよいよ就職活動戦線に突入します．精一杯就職活動しても，わずかですが，就職が決まらない留学生が必ずでてきます．その留学生は，特定活動Visa（査証：入国許可証）を申請することで，卒業後，最長1年間就職活動に専念することができます．

就職先の開拓は，以下の2項目を中心に展開しています．

①キャリアサポートセンターの対応の下にそれぞれの企業の就職説明会に参加した学生は，希望に沿った企業であれば筆記試験と面接に進むことになります．

②「中小企業に対するグローバル人材と国際化の支援」インターンシップや就職に役立てています．

就職活動は教職員の涙ぐましいサポートがなければ，留学生が採用内定を得ることは難しいです．その中で，留学生で80％以上の就職率を確保したからと言って喜んでばかりはいられません．問題は派遣会社への採用内定が多く，就職の質（企業規模と内容）が良くないことです．満足できる就職内定者は，わずか数パーセントです．

その上，考えられない就職問題が毎年発生します．それは何かと言うと，我が国の就職活動の解禁時期です．日本人の学生はどんな学生でも，就職活動が解禁になると就職説明会に参加して，就職が内定するまで志望する企業にエントリーから最終面接までを繰り返すのですが，留学生の半数以上は自国の就職方式から抜けきれません．つまり，日本国内で就職したいのに，就職活動が解禁になったので就職説明会に参加するようにキャリアサポートセンターから何度連絡しても一向に動きません．自国の習慣が染みついて，自分が「就職活動でもしてみようか」と思わない限り動かないのです．4 年生の秋がきて，日本の国内で就職試験でも受けてみようかと言っても，それは自分勝手な考えで，彼らが動き始めたときには我が国の採用はほとんど終わってしまって，小規模な零細企業しか残っていないのです．いくら説明しても同じことを毎年繰り返します．そうしながらも，何とか中小から零細企業に内定します．

どこの大学でも，卒業研究発表を終えて，卒業研究論文をまとめると，いよいよ卒業です．卒業式終了後に記念撮影をした後は，卒業生を社会に送り出すための卒業生と教職員を交えた茶話会です，そこで 4 年間の思い出話や将来のことを語り合った後，4 月からは社会人 1 年生として大学を巣立っていきます．筆者からすれば，どの学生に対しても「励ましたとき」や「叱りつけたとき」など様々な思い出が駆け巡りますが，「4 年間本当によくがばったね」という思いが偽りのないすべてです．励ました学生も，叱りつけた学生も，どの子も「ありがとうございました」と挨拶してくれます．教師冥利に尽きるひと時です．

入学から卒業までの 4 年間のキャンパスライフの記述から，受験生の皆さんが「オープンキャンパスの美辞麗句」や「ホームページの思わせぶりな説明」に騙されないためには，まずは中堅程度までの大学に進学できるように高等学校である程度は勉強すること，次に，進学する学科の教員の専攻（専門的に研究する分野）と研究業績をホームページでチェックすることが大学進学で失敗しない第一歩です．受験生の皆さんの冷静な評価と対応に期待します．

2.1.4　キャンパスライフの総括

BF ランクの大学に共通している特徴は，学生募集には一生懸命であるが，入学後の教育や指導体制，ひいては，経営側と教職員含めて「一番大事な大学の使命に対する理解」が欠落し，授業料の回収のみにこだわって必死になることです．その上，経営側と幹部教員に至っては，受験希望者が減少すると経営に支障をきたすので，ただ「受験者を集めろ」と「定員を充足させろ」という2項目のお題目を耳にタコができるほど言うだけで，本質的な策は何も講じず，無能さを露呈しているだけの現実の姿を受験生は知るべきです．

2018年以降になって，18歳人口が急速に減少すると，新入生の大幅な減少から受験料，入学金，授業料が大幅に減少し，経営基盤がいっそう逼迫する大学が増えるのは目に見えています．その結果，多数の大学が倒産に追い込まれるような事態が予想されます．もし，皆さんが倒産に追い込まれる大学に進学していたらどうされますか．誰もが到達する結論は一つだと思います．そのような大学に進学しなければよかった」．つまり，最初からこうした大学を選択しないことしか，そんな後悔から逃れる道はないのです．

2.2 実情と適性に基づく大学選びのコツ

現在，我が国の大学は780あり，受験生数に対して入学定員が過飽和状態で大学全入時代を迎えています．その中で，入学試験が機能せず（受験生の総数が入学定員までか，あるい，はそれ以下），教育水準が大学レベルに到達するのが困難な偏差値35～39のBF大学が315（全大学数の40%）ぐらいあると言われています．その中核をなすのは，バブル景気に新設された250大学と考えられます．780大学からこうしたBFランクの315大学を引き算すると465大学が残ります．残った465大学の中にも，まだ，BFランク近傍に位置して，今後の受験生の急激な減少に持ちこたえられそうにない大学がかなり残っているので，その大学数を全体の5%とみます．最初のBF大学数にその近傍を加えた45%の大学数は350になります．国立大学も少子化の影響を受けて定員割れの学部・学科が出始めたので，それを見込んだ文部科学省は，「国立大学数を現在の86から半数程度に減らす」と発表しました．それらを合計すると，今後393大学が倒産や再編で減少し，387大学が生き残ることになります．しかし，そんなに簡単に減少するとは思えませんが，減少の方向に向かっていることだけは事実です．

例えば，「2018 年問題」として巷で知られているように，2018 年以前は 120 万人いた 18 歳人口が，少子化で 90 万人ぐらいまで急激に減少し，その後も減り続けて，若年者の人口減少に歯止めがかからないという深刻な状況に直面しています．その不足分のカバーは，東南アジアや中央アジアから中近東までの国々の留学生に依存しています．しかし，それも国力がつくまでの一時的な現象で，その後は我が国から離れて，欧米に目が向くことは必定です．それに呼応するかのように，文部科学省が国立大学を半数まで減らすと言っています．そうなると，両者を差し引いた残りの 400 大学ぐらいが，今後，大学として生き残りと存続をかけて激戦を続けていくと考えられます．ただし，大学数を減らすことについては合併での生き残りを検討している大学もあるので，大学数の減少に比例して入学定員が減少するとは限りません．しかし，それも当面のことで，本格的な人口減少には抗しきれないと思います．

こうした理由から，もっと厳しい見方をしたほうがよいのかもしれません．世界経済の不安定さから，出生率の低下以外に，進学率の低下も追い打ちをかけて 300 大学ぐらいしか生き残れないかもしれないのです．そのことを裏付けるかのように，大学間格差はますます広がるばかりです．こうした中で，どの大学が生き残れるか，何校ぐらいまで大学が減少するかは，誰にも分からないのが現状です．たとえ生き残ったとしても，生き残った大学間で上下の格差が生じてきます．つまり，その中でも底部にランクされると就職困難がつきまとうのは，当然の帰結ではないでしょうか．

生き残りと存続をかけた戦いを続けていく中で，我が国の理工系大学は以下の 3 種類に再編成し，学生の仕上がり像を明確化して育成するのが最も望ましい姿ではないかと考えます．こうした再編が成功するか否かは，指導する教員の質と設備状況にかかっています．現在のように漠然と無力な人を次から次へと社会に送り出す「ところてん方式」の人材育成は，そろそろ先が見えているのではないでしょうか．3 種類に再編成する理工系大学を下記に示します．

①無から有を生み出す新規性・独創性・社会的有用性のあるアイディアを出

せる人材を育成することを目的とした「創造系大学」.

②出されたアイディアを企画立案して製品化できるように計画書にまとめられる人材を育成することを目的とした「企画立案系大学」.

③製品化の計画書に基づいて，生産現場でモノづくりをリードする人材を育成することを目的とした「生産技術系大学」.

上記3種類の理工系大学のうち，③の「生産技術系大学」は設備投資が半端でなく，膨大になってくるので，よほど経済基盤がしっかりした大学でなければ無理があると考えられます．特に私立大学で③を立ち上げるのは非常に厳しいでしょう．また，教員にコンピュータ内蔵の精密で複雑な加工機を十分に使いこなせて，モノづくりができる力量がなければ，③の学生を指導することはできません．さらに，半導体産業のようにますます高密度・高精細化してくるLSI（Large Scale Integration：大規模集積回路）などの対応についても，今までのように理論だけを講義して，後は放置しておくのでは，この目的の大学の使命を果たすことはできません．

こうした厳しい状況の中で，文部科学省は社会・経済の変化に伴う人材需要に即応した質の高い職業に特化した人材育成のために新たな高等教育機関の設置基準を制定し，平成31（2019）年度から実践的な高等職業教育を行う「専門職短期大学」と「専門職大学」の新たな開学を決定しました．

かつて，1962年に工業高等専門学校が義務教育終了後5年をかけて専門教育を施し生産現場の技術者を養成するという目的で，鳴り物入りで開校しました．しかし，工業高等専門学校の教育は，高度化した産業界の現場の要求をしだいに満たさなくなってきました．産業界の要求に応えるために，私立の工業高等専門学校はすべて大学昇格を文部科学省（当時は文部省）に申請しました．国立工業高等専門学校は国立大学に昇格させずに2年の専攻科を併設して，4年生の大学と同様に学士が修得できるように改善しました．さらに，文部科学省は高専救済のために，1976年から長岡技術科学大学と豊橋技術科学大学を開学させました．筆者は，新規に開学する「専門職短期大学」と「専門職大学」も高専と同様に，社会の要請に応えて，育成した人材が機能を十分発揮するのは困難ではないかと考えています．文部科学省がよくやる目先の「専門学校」救済か，悪く考えると，「専門学校」の経営者を一度喜ばせておいて，10年後ぐらいを目途にBF大学と「専門学校（専門職大学）」を自分たちの手は汚さずに，自分たちが世間から憎まれることもなく自然消滅，あるいは自然淘汰させる最も狡猾な作戦に出たようにしか見えません．

なぜなら，「専門職短期大学」と「専門職大学」は，筆者が提案した③の「生産技術系大学」に属するので，（技能の伝承＋現代版高度な科学技術）がマッチしてなされる生産現場での「モノづくり」や，高齢化社会における「人間の福祉」などに直接携わる人たちの育成であるので，教員には，先人の教えのように「して見せて，言って聞かせて，させてみて」を実行し，「モノづくり」や優しい気持ちを持った「人間の福祉」などが実践できるようになるまで学生に経験を積ませるしか，他に方法がないのです．例えば，産業界や福祉施設などの要求を満足させるためには，厚生労働省所管の職業能力開発総合大学校のような生産現場のモノづくり技術者を育成したり，あるいは，新規に介護福祉士を育成したりするような目的に特化した国立大学を全国で30ぐらい新設する必要があると考えます．

現場で実践的に役立つ人材を育成するために「専門職短期大学」や「専門職大学」を開学するのであれば，箱モノ以外の初期設備投資が大きすぎることと，比較的短期間で科学技術が進歩して設備が老朽化するなど，利益を見込んで経営できるようなものではないことを自覚しなければなりません．そうなってくると，経営基盤が比較的脆弱な私立の学校法人に専門職大学を任せるのは無理なような気がします．つまり，理工系大学や福祉系大学なども今後はこれまでのような大雑把な分類，すなわち金太郎飴のようにどこを切っても同じで代わり映えのしない現状の大学や専門学校の看板の掛け替えでは，冬の時代を生き残ることは困難と言わざるを得ません．もし，文部科学省の新規の認可を受けて「専門職短期大学」や「専門職大学」が開学するのであれば，理工系大学や福祉系大学などでノウハウを持っている厚生労働省の支援が避けて通れないのではないでしょうか．

また，受験生も生産系の現場の技術を身につけて就職するのであれば，厚生労働省所管の職業能力開発総合大学校への進学を第一に考えたほうがよいのではないでしょうか．その理由は，学生の実験実習設備が十分整備され，教員もそこそこのレベルで配置されていることです．職業能力開発総合大学校へ進学できなかった場合は，すべての専門職大学について設備機器と教員の質について十分慎重に調査した上で，受験する大学を決める必要があると考えます．一言でいえば，私立の専門職大学で理論と実務に精通した教員をそれぞれ要求するのは，過去の私立大学や工業高等専門学校の経営状況から判断して無理があるように思えます．

例えば理工系大学を①～③に分類することで，学生側からすれば，それぞれ大学の特質がはっきりしてくるので大学や学部・科の選択がしやすくなる反面，①～③のいずれかを選んで進学すると，それが就職に直結するので，方向の選択を誤って従来のように転学部や転科をしたいと思っても，これまでのように安易な行動は取りづらく，非常な困難を伴うことになります．

受験生の皆さんに，上記３種類に再編成した大学の功罪について，筆者の経験を紹介しておきたいと思います．「PIC（Peripheral Interface Controller：ワンチップ・マイコン）を用いたデータロガー」の制作実習の場合です．テーマだけを決めておいて，測定対象（温度，湿度，サイズ）とセンサ，および制御ソフトはグループごとに考えて制作させ，制作物を用いて実際に計測させます．そして，一連の結果はレポートにまとめて報告させます．この方法は最も学生に理解が得られやすい学修方法だと，今でもそのように理解しております．さらに，M研究室の卒業研究成果は，学会の全国大会で担当した学生に発表させました．そうした結果，就職後はいずれの企業でも好評で，「次年度も続けて卒業生を送っていただきたい．即戦力として使えます」とよく言われました．

ここで，当時のM研究室の学生の就職の一例を紹介します．４年生だったI君は卒業研究で「コンピュータを用いたディジタル脳波計の試作」に携わっていました．脳波センサだけはメーカーの製品を購入すると最初から決めていたので，研究内容はデータ取り込み用A-Dコンバータの回路と精度，および取り込んだ脳波データの表示ソフト，すなわち，脳波計の本体と制御機構を開発することです．試行錯誤を繰り返しながら1年後には，「ディジタル脳波計の試作モデル」が完成しました．I君の努力の結晶の脳波計が，数年後に「バーチャルリアリティを用いた突発事故の回避研究」で測定器として使用されました．

そのI君がK精工に入社した時のことです．K精工で開発されたシリコンウエハー（Silicon Wafer：Siの単結晶を0.5mm程度の厚さにスライス後，それを研磨した真性半導体基板）の厚み計測装置が，肝心の制御ソフトが搭載されないまま放置状態になっていました．K精工では，その装置にコンピュータを搭載してSi基板の厚みを測定し，自動的にSi基板の厚みの良否を選別するシステムとして市場に出したいと考えていました．その部門の責任者である部長は制御系の社員を集めて，「誰かシリコンウエハーの厚みを自動計測して，その良否選別ができるように，この装置の制御ソフトを完成させる者はいないか」と言っても，誰も手を挙げる者がいなかったそうです．4月に入社して間もないI君が「誰も希望されないのであれば，私にやらせてください」と申し出たところ，中間管理職の会議で，「誰も希望者がいない中で，せっかく希望しているのだから，まずはやらせてみよう．新入社員が1人でできるとは思えないが，いよいよ困ったときにサポート体制を整えよう」ということでI君に担当させることになりました．I君は新人研修の基本を終えた5月頃から制御ソフトの検討を始めて，7月下旬には制御ソフトを完成させました．そのソフトを搭載した「Si基板の厚みの良否を選別する自動制御システム」が，ようやく機能し，陽の目を見ました．卒業生の就職見回りでK精工を訪問した時，技術部長はI君の技術力の高さに驚きを隠せず，筆者に感謝の気持ちを述べた後，「引き続き貴学の卒業生を，ぜひK精工に送って下さい」と要請されました．こうしたことから，筆者は，工学には実学融合教育が有用であることを痛感しました．たとえば，I君のように計測システムの制御ソフトを組むとしましょう．途中で実用統計学や微分方程式などの一部分が必要になって，その部分が解らなければ，そこだけを自己学修して補っていけば制御ソフトを完成させることはできます．卒業生の仕事ぶりの調査のために，就職先の現場を訪問しても，I君のようにとても評価が高くて安心できる場合が多かったことを記憶しています．

筆者には長い大学教員生活でいつも心掛けていたことがあります．それは，学生に「これなら自分でもできる」というものを一つは持たせて，世の中に送り出すことです．何か一つでもできるという自信は，I君のような結果を生むことになります．そして，それぞれの学生が持っている特徴を生かせる可能性のある企業に就職させることが，企業人として生涯を全うするために重要であると考え，筆者なりに努力を重ねました．その結果，ありがたいことに筆者の研究室の元卒研生が「筆者を囲む会」を立ち上げてくれて，1 年に 1 〜 2 回くらい集まって楽しいひと時を持っています．教師冥利に尽きるとは，このことでしょう．

もう一つ大学教授という職を選択してうれしいことがありました．それは，1 年に 1 回お目にかかっていた筆者の大学時代の指導教授が最後にお目にかかった食事の席で，「私の研究室を巣立っていった学生の中で，君が大学教授になって，国際会議や論文の執筆などで活躍してくれていることが，指導教授として一番うれしい」と仰って下さったことです．先生は 90 歳までお目にかかって食事を共にさせていただいたのですが，91 歳で天寿を全うされました．卒業研究の指導を受けてから亡くなるまで，温かく見守っていてくださいました先生には感謝しかございません．

以上の 2 項目は，筆者の職業選択が誤っていなかったことを証明する事例になるのではないでしょうか．就職活動をされている皆さんも，生涯の職業選択の参考事例の一つとして下さると幸いです．

ここで，特に強く言っておきたいことがあります．せっかく入学した大学が卒業までに閉学になることも不幸ですが，卒業後であっても自分が卒業した大学が消滅して地球上から消えてしまうかもしれないような大学選びは決してしてはなりません．大学選びをよく考え，入学後の不幸のリスクをできるだけ軽減して，入学後は自分が掲げた目標に向かってひたすら努力できるような環境整備がなされ，また，研究者としても，教育者としても一流の教授陣を配置している大学を選択することをお勧めします．それが，人生を成功に導く第一歩です．今はインターネットを含めた情報網が完備されているので，筆者がいろいろ例を挙げてアドバイスしたような方法を用いて大学の設備と教員の質を調べることによって，入学後の後悔のリスクからかなり解放され，心置きなく日々の学修に励むことができるような大学を選別できると考えます．

2.3　理工系大学の機能別分割

「2.2　実情と適性に基づく大学選びのコツ」で筆者は，我が国における既存の理工系大学を①無から有を生み出すアイディアを出せる人材を育成する創造系大学，②出されたアイディアを企画立案できる人材を育成する企画立案系大学，③企画立案された製品化の計画書に基づいて，生産現場でモノづくりをリードする人材を育成する生産技術系大学に3分割することを提案しました．その理由は，これまで付加価値のある基本特許は欧米に依存し，製品化と使い勝手の良さのための周辺特許だけで我が国の産業が維持されてきました．しかし，今のやり方では，企業も大学も両方とも生き残ることは困難な状況になってきました．世界中の大学との競争を勝ち抜いて，我が国の理工系大学を卒業した技術者が「国際的に付加価値のあるモノづくり」を続けていくためには，理工系大学を機能的に3分割して教育することが最も理にかなった方法です．

まず，①の「大学はどのようにすれば，新規性・独創性・社会的有用性のあるアイディアが絞り出せるような人材を輩出できるのか」について説明します．一番重要なことは卓越した指導教授と研究環境を備えていることです．次に，その教授が育成してみようと意欲を燃やせる研究者の卵がいることです．国際的に著名な研究業績があり，現在も活躍中の教授陣を筆頭に，若手の研究者がそれに続く，また，そこには情報調査網と研究機材を含めた設備が整っている — そのような研究室の雰囲気と環境が整備されていれば，研究者の卵は教授の指導を受けながら先輩研究者を見習い，先輩研究者は教授を見習うことで研究開発の基本をしっかり身につけ，新規性と独創性のある成果を次々と公表していくことができるように育ってくるのではないでしょうか．当然，学部では理論的なことをマスターし，大学院では研究計画の立て方・研究手法・研究成果のまとめ方などを身につけ，自らの研究を基礎から応用にまで広げていく自助努力が要求されます．ただし，基礎研究を終えた時点で博士論文をまとめて，学位を取得しておくことは言うまでもないことです．

つぎに，②の「大学が機能を発揮するためには，既存の大学をどのように変貌させなければならないか，あるいは，変貌させればよいか」について解説します．②の大学の教授陣は，基本的な知識と経験が豊富で，説明されれば①から示されたアイディアを理解し，それをモノづくりに結び付けられるように，理論的に，また分かりやすく計画書に纏める卓越した能力を有していなければなりません．新規性・独創性・社会的有用性のあるアイディアと生産現場のリーダーとの間を取り持つ役目なので，アイディアを形状化するために先端的な加工機や成型機などの操作を含めたモノづくりの経験がある程度あって，その内容が理解できなければ，両者の中間を取り持つ役割は担えません．こうした教授陣に教えを乞いながら努力をすることで，学生が卒業後に②の役割を担える一人前の企業人に育っていくのです．

③の「生産現場でモノづくりをリードする人材を育成する大学」の設備としては，機能の面で企業に設置されているシステムと同程度の「CAD（Computer-aided Design：コンピュータを用いた設計システム）」と「CAM（Computer-aided Manufacturing：コンピュータを用いた製造システム）」，NC加工機（Numeric Control Machine：数値制御による加工機），および五軸マシニングセンターなどが必要です．それらを私立大学に配備して，維持管理することは経済的に難しいと考えます．③の大学を全国に30施設ぐらい開学するためには，国家のサポートが避けて通れません．内容は，厚生労働省所管の職業能力開発総合大学校を参考にする必要が多分にあると考えます．そうなってくると，生産現場でモノづくりをリードする人材を育成する大学の科名は，かなり実務的で生産現場の雰囲気を示す命名が望ましいかもしれません．さらに，教授陣は，企業で実際にそれぞれの装置を扱って仕事をしてきた生産技術者を中心に構成されなければ，実際のモノづくりに役立つ人材は養成できません．

上記3種類の理工系大学の数とそれぞれの比率については，文部科学省，厚生労働省，および経済産業省などが中心になって専門委員会を立ち上げ，グローバルな社会的要求を含めてバランスを取る必要があります．3種類の大学がアンバランスになると，モノづくりのシステムがうまく機能しなくなって，これまで我が国が培ってきた技能と技術が，土台から消え去ってしまうことになりかねません．その他に，学生は最低でも1年に1回ぐらい企業でのインターンシップに参加する必要があります．その経験がなければ，理論だけでモノづくりをして，実用に供さないなどの問題が多発する恐れがあるので，それを避けるための防衛策としては避けて通れない重要事項であると考えます．

インターンシップは，当時シンシナティ大学（University of Cincinnati）の工学部長であったヘルマン・シュナイダー（Herman Schneider：1872-1939）博士の創案で，1906年に大学と地元の工作機械メーカーが「産学連携教育(Cooperative Education)」という名称で実施されたのが始まりとされています．我が国では，「学問と実践的な工業技術を兼ね備え，独創性・積極性・協調性豊かな優秀な技術者の養成」を目的として，産学共同教育が導入されました．就職活動をする前にインターンシップを体験しておくと，就職活動中に「これまで想像していた社会」が「現実の社会」として促えられ，「本当に自分がやりたいこと」が明確になるはずです．

なお，企業の説明会に参加しても情報を得ることはできますが，選考が始まる前のインターンシップに参加することで，事前に希望する業界や職種を絞ることができ，効率的な就職活動が行えます．複数の短期インターンシップに参加して就職したい業界を絞った上で，最後に長期インターンシップに参加するのが効果的な方法かもしれません．この方法は，大学受験時から最終職業校として学科を絞っている理工系より，曖昧で就職幅の広い文系の皆さんに，特に有用性があると思われます．実際の職場で就業体験をしたり，先輩社員の話を聞いたりして，入社後のイメージングができることもインターンシップのメリットです．何よりも，こうしたインターシップに参加することで入社後のミスマッチを防止することが可能になってきます．

また，理工系大学を3種類に大別することで，採用する側の企業にとっても，3 種類の中からバランスよく学生を採用できるようになり，ミスマッチ防止につながるのではないでしょうか．3 種類の学生の採用におけるバランスについては，産学官で専門委員会を立ち上げて，新時代にマッチした新しい採用方式の検討が求められます．

2.4 学部から修士課程（博士課程前期）まで

「3.5.3　産学連携への期待」に記述した「PDCA サイクル」の機能を大学の講義に当てはめてた場合の功罪を記述します．大学の教育現場では，Plan（計画）→ Do（実行）→ Check（評価）→ Act（改善）の 4 段階を繰り返すことによって，徐々に改善しながら教育効果が現れるとしています．それ以外に，大学間の連携が徐々に浸透し，単位の互換制度を取り入れた複数の大学や専門分野の異なる学科間で，自分の大学や学科にない関心のある科目の単位を他大学で取得させるプランが浸透しつつあります．学修意欲を向上させ，授業選択の幅を広げるという意味では有効な方法ですが，こうした方法を教育現場に取り込めば，それだけで世界の大学ランキングにおける教育評価水準が上がるかと言えば，「それは違う」というのが常識的な見方ではないでしょうか．なぜなら，定員不足が目立ち始めた昨今の大学間で，お互いの不足科目を相互に受講させることで，開講科目の不足を互いに補填しあう道具に利用されかねません．「互いに優秀な教員の授業が受講できます」と言う美名のもとに，開講科目不足の補填はもちろんですが，定員不足の収入減からくる人件費の補填にも利用されかねません．こうなると「開講科目が他大学の場合，そこまでの往復の交通費は自己負担」なので，科目受講生にとっては無用な交通費だけが嵩むことになります．

文字通り学部教育は，教える側の教員と学ぶ側の学生との間で相互に成立するものであり，講義する科目の裾野の広さ（幅）と中身の濃さ（深み）で教育水準に差が生じてきます．教育水準の差を教養科目と専門科目とに分けて考えてみましょう．例えば，教養科目の場合，中身の濃さはあまり言及せず，どちらかといえば知識の広さを重視します．知識の裾野が広くなれば，多方面からのアプローチが可能になります．ただし，いくら多方面からアプローチができるようになっても，アプローチした内容を検討し，検討結果を総合的に評価して，評価結果が目的に合った有用性を示すものでなければなりません．有用性の具現化に対応するのが専門課程の科目です．専門科目は裾野の広さより，中身の濃さが要求されます．それでも不足があれば，不足分を独自で補うための文献調査，あるいは，大学院進学による更なる研究などが求められます．

しかし，教育水準の差はこの論理からだけで生じてくるのではありません．教育水準の差が生じる要素は2つ考えられます．まず，講義する教員の国内外における研究業績や経験から生じる知識の広さや理解の深さが学生の教育に影響を及ぼすことは言うまでもありません．次の要素は，受講する学生の姿勢です．ノートを取りながら説明を聞く．説明で理解できないことや忘れそうなことは，ノートの端にでも記録しておく．理解できなかった説明項目は，後ほど図書館で調べるぐらいの熱心さが求められます．安易にインターネットで検索して済ますのは，愚の骨頂だと思います．インターネットに利便性はあっても，検索項目の深さはありません．浅い安易な知識で済ますと研究者やアナリストなどの専門職が遠のきます．急がば回れで，じっくり取り組む姿勢が大切だと思います．そうしなければ本物にはなれません．

授業ではありませんが，筆者にもN研究所に勤務していた若手研究所員時代の忘れられない思い出があります．化学分析をしていた時のことです．高融点金属の成分分析の方法がよくわからなかったので，H先生にうかがったところ，先生は，まず，黒板に高融点金属の理論式を書いて分かりやすく平易な言葉で説明して下さった後，筆者を実験室に連れて行かれました．そして，先生自ら高融点金属試料を溶融し，成分量の多い方から重量分析→容量分析→機器分析の順で試料を分析して，得られたデータを実験室の黒板に書くように筆者に指示されました．言われるままに，すべて書きました．次に「データを合計しろ」とおっしゃったので，集計してみると45年以上前のことなので記憶は定かでありませんが，確か100.2%ぐらいだったと思います．合計は理論的に100%のはずなので，0.2%オーバーです．やおらH先生は，「0.2%オーバーしたのは，私の実験操作上のミスで生じたものなのか．それとも，避けうることができない誤差なのか」と，筆者に問いかけられました．筆者は分からなかったので黙っていました．するとH先生は，「分析に用いたそれぞれの装置の精度をデータの横に書きなさい」とおっしゃったので，装置の精度を指示通りに書き，再度精度を入れて理論値の誤差を計算すると，誤差は0.2%よりはるかに大きい値となり，先生の実験操作上のミスではないことが明らかになりました．その後，最初の部屋に戻って，理論を再度説明して下さいました．

帰宅して，高融点合金の分析についてノート整理をしたときには満足感がこみ上げてきました．しかし，それから2日たってみると30%ぐらい記憶が曖昧になった気がして不安になり，整理したノートを見直してみると，忘れていることはまったくありませんでした．このことをよく考えてみると，H先生は高融点金属の分析理論を分かりやすく説明した後，自ら分析して見せてくださった訳ですから完璧です．しかし，疑問もわかないような完璧な方法をとられると，初心者である筆者の頭の中はオーバーフローしてしまいます．つまり，高名なH先生が近くにおられたので，先生にご教示いただいて安易に解決しようとした筆者の軽率な行動に原因があったと思います．理解できなくて疑問だらけなのは若い時の特権で，疑問があるからこそ努力するのです．つまり，コツコツ調べながら知識を積み上げていく，その積み重ねが後年の成長につながるのです．

それから，もう一つ大事なことがあります．それは，測定器ごとに記載されている測定精度です．今はコンピュータがあるので，小数点以下何桁でも算出できます．しかし，その計算値は正しいでしょうか？　実験操作上のミスがなければ，測定器の精度をオーバーした実験データは存在しない筈です．結果は測定精度内にとどめるべきです．こうした基本的なことを理解しながら成長していくものなのです．

その他にIoT化教育でもそうですが，まず，IoTの一般的な図解とユビキタス社会の中での位置付け，例えば，もの（Things）から発信される情報（信号）をどのようなセンサで受信するのが最適かを調べます．次に，受信した信号はインターネットを介してサーバーにストアされるまでの一連のシステムを学修します．サーバーにストアされたデータはAIを用いて統計処理し，処理結果は，サーバーにストアされている対照の既知データがあれば，それと比較して評価するだけです．しかし，この一連の流れを理解することが，学部の学生にはけっこう難しいようです．

我が国ぐらいまで科学技術が進歩すると，いくら技術者を目指しても学部教育では追いつかないことぐらいは，誰でもお分かりのことと思います．理工系で専門職に就きたければ，少なくとも修士課程（博士課程前期）ぐらいまでは修了していなければ，技術者としてイノベーションに対応していけません．それともう一つ，社会人入学で博士課程後期に進学したいと思っても，博士課程前期を修了していなければ進学は難しい状況です．なお，博士課程前期において，修士論文の指導と学位審査をする教授は，Mマル合教員（文部科学省の審査基準を満足し，修士論文の指導ができる教員）の資格が要求されます．また，学部卒業で博士課程後期に進学を希望する場合は，研究業績が修士課程（博士課程前期）修了のレベルに該当しているという大学院の承認を受ける必要があります．

そうしたことを踏まえて，「博士課程前期で何を修得するか」と「技術者になって，博士課程前期で修得した知識を社会でどのように生かしていくか」，さらに「習得内容を博士課程後期にどう繋げていくか」などについては，以下で説明します．まずは，学部教育で４年生になると卒業研究があり，理系では理論値と実験データとの誤差について，生じた誤差が測定器の誤差の範囲内であるのか，あるいは，実験操作上のミスによって生じたものであるかなどについて考察します．もし，実験操作上のミスによる誤差であれば，実験を最初からやり直します．測定器の誤差の範囲内であれば，そのことを詳細に考察し，論文に記述します．履修科目の理解度は定期試験と基礎実験で確認します．

技術者を目指すのであれば，学部の４年間の履修科目については，何が理解できて，何が理解できていないのかと，理解のレベルを学修ポートフォリオでチェックする必要があります．また，基礎実験については，実験目的を明示することが理解につながります．つまり，目的がはっきりすれば，どのプロセスを経れば目的を達成できるかが分かってきます.

学部では 4 年生になると初めて，手取り足取りで，直接教員の指導を仰ぎながら，新規性・独創性・社会的有用性のあるテーマを取り上げて，自分で考えたり，工夫したりしながら卒業研究に取り組みます．2 年生までの教養科目と基礎実験，3 年生の専門科目とその確認実験などと違って，初めて体験する課題解決型の研究です.

筆者の時代は卒業研究と輪講は単位認定の対象ではありませんが，卒業研究には 4 年生全員が取り組まなければならなかったのです．卒業研究の成果は 1 年後に公開で発表し，質疑応答後に合格・不合格の判定がなされ，不合格であれば卒業できない仕組みになっていました．現在の卒業研究と輪講は単位認定の対象となっており，ほかの単位取得で卒業要件を満たしていれば卒業研究と輪講を取らなくても卒業できる仕組みになっています．ただし，大学院に進学するのであれば，卒業研究と輪講の単位は取得しておく必要があります.

筆者も古い記憶をたどれば，「Co60 の生態系に及ぼす影響」について生態系モデルを作って，教授から直接研究の手ほどきを受けて，自分なりに頑張った記憶があります．教授は非常に熱心な方で，前日の生態系モデルから得られた測定データはその日の夜に実験ノートにまとめておくと，特別な会議でもない限り翌日の夕方に前日のデータを見て，研究が好調に進んでも，逆に失敗しても，筆者の話を聞いてからきめ細かく指導してくださったことを覚えています．こうした指導のおかげで，得られた研究成果を放射線影響学会で公表することができました.

自分にとっては生まれて初めて取り組む研究であり，もちろん教授の指導を受けて，悩みながらも自分で考えて研究を進めていくことができたので，毎日が緊張の中にあっても，非常に楽しかった思い出があります．研究テーマも自分が考えて提示したものではなく，教授から与えられたテーマであり，研究で扱う装置も初めて目にし，取り扱うものでした．初心者なので，予備実験を繰り返しながら，慎重に本番の研究を進めていくように心がけました．データ解析では，知識不足のため理論的に解析する方法が浮かんでこずに苦しんだあげく，研究所の図書館に籠って一週間ぐらい文献調査に明け暮れたこともありました．今思えば知識不足で，何一つ理解できていないのだから，苦しむのは当然であるのに，そのことすら理解が曖昧であったように思われます．

苦しみながらも楽しかった卒業研究の日々を過ごし，結果を学会で公表できたことが，その後の大学教授という学者の道を選択する第一歩になったと考えます．今思い返しても，過去の楽しかった卒業研究の日々が，昨日のことのように眼前に浮かび上がってきます．卒業研究の指導教授とはお亡くなりになる前年まで，年１回二人だけで食事をして楽しいひと時を過ごさせていただきました．筆者には，こうした生涯の師と仰ぐ先生が７名おり，自分の研究生活や生きざまに大きい影響を受けた結果，今日の自分があると思っています．

本来は，研究テーマを自分で設定し，研究計画を立て，研究自体を自分の力で進めた上で，得られたデータを解析します．解析結果を評価した上で，査読論文にまとめられるようでなければ一人前の研究者とは言えません．博士前期課程（修士）では，研究テーマの設定から結果の解析までの工程をおぼろげながらも理解し，成果を学会で発表するぐらいまでが精一杯ではないかと思います．ただ，発表した成果は査読論文にまとめて投稿するぐらいの熱心さがなければ本物にはなれません．自分自身の努力と指導教員のサポートとで，何とか最初の１篇が学会誌に掲載されるように努力するべきだと思います．いずれ，技術者を越えて，さらに上のステップの研究者やアナリストの道を目指しているのであれば，この１篇が貴重になります．

つぎに，博士課程後期に進学するのであれば，国内外における研究業績が十分あり，幅広い知識と見識，および指導力を持っている指導教員を選ぶことは言うまでもありません．ここで，今後のことを考えて，知識と見識の違いを明示しておきます．知識とは書物を読んだり，講演を聞いたりして理解し，長期記憶されている事柄で，見識は現実の困難な事態に直面した時，それを回避するために人格・体験・直感などを駆使してなされる判断力であると解釈しています．知識と見識に基づいて適切な知恵が出せる人物が研究者や技術者として望ましいことは言うまでもありません．

その他に我が国の学生に限定されることですが，大学の４年間で絶対クリアしておかなければならないことが一つあります．それは，内向きで外に広がりを持てない我が国の若者特有の性格の改善です．政治・経済・文化の異なる外国人と積極的に関わって，彼らとコミュニケーションが図れるようにならなければ，これからのボーダーレス社会でどんな仕事に就くのも難しいと思います．国際社会での活躍を望むのであれば，なおさらです．今の状況を続けるようであれば当然，我が国の大方の学生は国際会議で論文を発表するなど論外で，海外と関わりを持って知的な仕事をすることなどを期待する方が無理なのではないでしょうか．

2.5 博士課程後期

博士課程後期は，博士課程前期を経てストレートに進学してくる課程博士の学生と，修士課程を修了して社会人として活躍している途中で進学してくる社会人入学の課程博士の学生とで構成されます．学部卒業だけで修士課程を修了していない研究者には，救済方法として研究業績が修士課程修了に該当することの認定を求められるので，まず学位取得を考えている大学院に問い合わせてみる必要があります．認定されて博士課程後期に入学した後，研究計画に基づく成果を3篇以上の原著論文として学会誌に投稿します．それらが学会誌に掲載されると，掲載内容を博士論文にまとめて提出して，学位審査にパスすれば博士号が授与されます．それ以外の方法として，博士課程後期を修了せずに長期間にわたる複数の研究論文を学位論文にまとめて提出し，その審査だけで博士号を取得する論文博士があります．

課程博士は査読論文数が3篇程度で学位取得のための審査要件を満たすのに対して，論文博士はかなり研究業績について厳しく，学位論文の関係領域で査読論文10篇ぐらいを審査要件とするのが一般的です．筆者も論文博士を取得するとき，まっ先に大学院の研究科長に「査読論文が10篇以上あるか」と聞かれました．それに対して「ございます」と答えましたが，それ以外に聞かれはしませんでしたが，研究を継続していることは言うまでもないことです．

なお，中央教育審議会の大学院部会は，企業や公的な研究所で業績を上げた社会人が論文審査を受けて博士の学位を得る論文博士の制度をいずれ廃止し，課程博士に一本化する方向で一致しているようです．ただ，ここでいう制度の改廃は別にして，博士課程後期で身につけなければならないことは，新規性・独創性・社会的有用性を念頭に置いた正しい研究の仕方を修得することと，知恵を出せる人材になることです．

学位論文や学位論文につながる査読論文を執筆するにしても，正しい研究方法を身につけるにしても，博士課程後期の指導は担当教員から直接受けるので，そのスタイルは，まるで産業革命以前の徒弟制度と何ら変わるところがありません．技能を子方（博士課程後期の学生）に伝承する親方（指導教員）の技能・技術のレベルや知識の広さ・深さ，あるいは，人間性などのすべてが子方に伝承されるので，親方のレベルによって子方の研究者としての将来が見えてきます．そのことをくれぐれも胸に留めて，博士課程後期の指導教員の選択を誤らないでください．この選択を誤ると本物の研究者にはなれません．そのことだけは，頭の隅に刻み付けて忘れないでください．

ここで，筆者が先人の著名な先生から指導を受けた「本物の研究者」について，その一端を記述します．その先生曰く，「まず，一生かけても終わらない生涯テーマを持つ．生涯テーマの基本部分を学位論文の研究テーマとする．次に学位論文の研究テーマを遂行するための計画を立て，計画に基づいて項目ごとに研究を進め，それぞれを筋道の通った原著論文（章立てに基づく）にまとめる．この一連が終わったら章立てをして学位論文にまとめる．学位論文で重要なことは，最後に普遍的な提案をすること．そして，その普遍的な提案は国際会議で公表し，メジャーなTransactionに投稿して世界に信を問う．その後は，普遍的な提案に基づいて応用研究をして，成果を上げる．これが一番理想的な研究者のスタイルだ」とご教示いただきました．筆者は先生のご教示を守って40数年研究を続けて，終章を迎えています．しかし，申し添えておきますが，先生がおっしゃった「一生かけても終わらない生涯テーマ」は玄関の付近をうろうろして収束点などまったく見えてこないのに，逆に，自分の研究寿命が尽きようとしています．

博士課程後期の指導教員ですが，Dマル合教員（文部科学省の審査基準を満足し博士論文の指導ができる教員）であることはもちろんですが，見識が深く新規性・独創性・社会的有用性のある知恵が出せ，理工系であれば，その成果が基本特許に結びつき，インパクトファクター（Impact Factor：IF）の高い論文を世界に向けて公表し続けている教授が望ましいです．IFとは，分かりやすく言うと掲載論文の文献引用率を表すので，分野のまたがる総合論文や新しい技法を用いた論文の引用回数が他の論文より多くなる傾向があります．そういう意味では論文そのものの評価グレードとは異質だと考えられますが，博士課程後期の指導教員の主要な選択基準としてもよいのではないでしょうか．

国内の学会にだけ論文を投稿し，国際的な研究活動の少ない教員の研究指導を受けると，視野角が狭く，世界を対象とした幅広い研究活動には不向きになります．つまり，世界がますますボーダーレス化していく中で，個人の思考や視野が狭いまま広がりにくい危険を孕んでいます．こうした研究者が増えると，我が国の研究力がますます低下することになります．研究力の低下を避けるためには，高等学校と大学のイノベーション，すなわち，教員の質の向上がなければ生徒や学生の向上もあり得ません．当然，学生が就職する企業にもイノベーションが求められます．これらの監督官庁である文部科学省と経済産業省も責任が問われることになります．

工科系大学では，博士号の取得は研究者としてスタートラインに立つ最低要件を意味します．その上で，大学の教員は自分の幅広い見識を分かりやすく学生に講義する教育者の一面と，新規性・独創性・社会的有用性のある研究をし，成果を社会に公表するという面の両方があることを再認識するべきです．大学の偏差値に関係なく，置かれている現状認識が乏しく，無責任で研究業績不足の教員があまりにも多すぎることを実感します．

学位は，学術の中心として自律的に高度の教育研究を行う大学院が，「大学院における課程を修了し，当該課程の目的とする能力を身につけた者に対して授与するもの」という原則が国際的に定着しています．したがって，我が国の大学院も，学位論文指導と学位の審査にかかわる教員は，学位を有する上に，自身の研究業績が豊富なことは無論のこと，国際的原則に基づき，ドイツのように厳しい審査をパスした教員に学位論文指導と学位の審査を担当させるように改善するべきだと思います．つまり，我が国の大学院博士課程後期を担当する教員は，学位論文指導と学位の審査で十分な研究業績と見識を有する人物であってほしいと思います．

たとえば，研究業績と見識の不足する無能教員の指導を受けて学位が授与されたとしても，その学位は社会で何の役にも立たない紙くずに等しいことを博士課程後期への進学者は認識するべきです．そんな学位を取得しても，研究者としてグローバルに活躍するために有益なことは何一つありません．ただ，常勤の研究職に就けないポスドク（Postdoctoral Researcher, Postdoc：博士研究員）を増やすことにしかならないのです．ポスドクの仲間入りを続けると，研究者としての未来は暗く，ただ当てもなくうごめく苦しみの毎日になります．

その苦しみを防止するためには，大学院と指導教員のレベルチェックを慎重に行う必要があります．つまり，国際的に活躍しようと思えば，指導教員の選択の良否が今後の学者（研究者）人生に大きく影響することを心に刻んでおいていただきたいと思います．それ以外に，2018 年以降の少子化を抱えて，大学をどのように改革すべきか，特に，私立大学の屋台骨がグラグラと大きく揺らいでいる時なので，博士課程後期に進学しても，学位取得後にポスドクになる可能性も非常に高いことが考えられます．こうした中での博士課程後期への進学ですから，学生の皆さんは，

①生涯研究テーマを持っているか，

②しっかりした学位の指導体制が組まれている大学院であるか，

③研究力（頭脳）でカバーすればよい程度に設備が整い，ある程度研究資金のめどが立っている研究室であるか，

④大学院生を日々サポートしてくれる有能なスタッフがいるか，

⑤学位取得後は，研究者やアナリストへの道が開かれているか，

などについてよく検討し，自分の将来がかかっているのだから，できるだけ慎重な対応が求められます．

もう一つ大事なことがあります．たとえ大学院と指導教員が国際レベルを維持していたとしても，肝心の大学院生の知識不足が甚だしく，研究者としての

適性を欠いているような場合は，博士課程後期を続けることが難しく，やむなく中途退学を選択することになります．せっかく研究者やアナリストになろうと強い決意で博士課程後期に進学してきたのですから，どんなに苦しくても現状を乗り越えて学位取得という結果を残さなければ，他のどんな仕事に就いてもギブアップして続かないように思えます．学位取得ぐらいは誰でもできます．問題はその後，専門職に就いてから，リーダーとして自分の足で計画的に歩いていけるかということだと思います．

文部科学省も，日本人独特の建前論と目先の改革だけに終始して，今日までお茶を濁してきたツケが回ってきているのではないでしょうか．このまま放置しておくと，小学校から大学・大学院まで真の人材育成がなされる過程が構成されることもなく，国家の屋台骨が揺らいで倒壊状況に陥るのは目に見えています．天然資源がなく，人材が国家の資源であることを自覚して，例えば，高等学校までは基礎学力をつけさせ，大学では高等学校までに学んだ要素を複数個組み合わせて，論理的に事象を証明したり，ものづくりに生かしたりできるような人材育成を早急に考えていく必要があるのではないでしょうか．

つまり，現在大学でなされている教養科目は高等学校に下ろして，大学からは専門基礎以上にするぐらいの抜本的改革があってもよいのではないかと思います．ここで一言述べさせていただけば，日本の大学院でよくあるスタイルとして，マル合教員はわずかで，審査資格を有さない教員が多数を占めているような大学院が意外と多く見受けられます．大学院ぐらいは審査資格を有する教員で満たすような指導を文部科学省にお願いしたいものです．このことは，大学院進学を検討している学生諸君も現状をよく認識して，内容をよく吟味する必要があります．

2.5.1　課程博士

まず，課程博士の制度について，最初に言っておきたいことがあります．博士課程後期の学生は，半数以上が 3 年の修了時に博士の学位が授与されます．力量不足で論文審査が不合格になった場合は，その後 3 年以内に不足分を補って博士論文の再審査請求をし，それで合格すれば課程博士として学位が取得できます．しかし，再度不合格になると，今までの努力が水泡に帰して，課程博士の論文審査請求ができなくなります．それでも，なお，学位を希望するのであれば，論文博士の審査請求しか道が残されていません．しかし，現実は大学院の指導教授の力量不足が大学院生の学位取得を遅らせているのに，その反省もなく，最悪は大学院生を学位で操って生殺与奪の権力を握っているかのごとく勘違いしている教授がかなりいることです．大学教授の学歴欄を見ると，意外と博士課程単位取得満期退学と記述されていました．特に文系の教員によく見受けられる現象ですが，博士課程の修了に必要な単位は取得したが，標準修業年限内に博士論文を提出せずに退学したことを博士課程単位取得満期退学と記述し，あたかも制度的な裏付けがあるかのごとく評価をしている大学が見受けられました．こうした表記は，「課程制大学院制度の本来の趣旨にかんがみると適切ではない」と文部科学省が指導した結果，現在は，博士課程単位取得満期退学から修士に記述変更する大学が一般的になってきました．

文部科学省の基準で，課程博士は専攻分野別に研究者として自立し，研究活動を行うに必要で高度な研究能力を有しているとされています．はたしてそうでしょうか？　現実は，博士課程前期を経て純粋培養で博士課程後期に進学してきた研究者の卵です．工学の研究はしても実際に現場を経験したことがない頭でっかちの人間が比較的多いのではないでしょうか．博士課程後期まで順調に駆け上がってきたことは良いことですが，工科系で学んだり，研究したりしても現場のものづくりを体験したことがありません．それが災いして，せっかくの良いアイディアも「絵に描いた餅」になりかねない危険性をはらんでいます．

上記が課程博士で最も危惧されることであり，それを回避して，新規性・独創性・社会的有用性のある研究成果を公表していくためには，工場に行って実際の製造工程を実体験するか，あるいは，企業と共同研究するなどして，書物と論文から得た知識しか持ち合わせていない自分の弱点を実際面から補完しながら，正しい見識に基づいて，実体を伴った適切な知恵が出せるように努力を積み重ねることが最良ではないでしょうか．

2.5.2　社会人入学の課程博士

(a) 技術者が抱える課題解決は可能か

希望に燃えて入社した技術系新入社員は，基本的な研修を終えた後，配属先で上司から日常業務以外に課題が与えられて，独り立ちできるように課題解決を中心に徹底的に鍛えられます．一人前の技術者に成長していくと脇目も振らずに，時の移ろいも忘れて多忙な毎日を過ごします．しかし，それも長くは続きません．多忙な仕事の合間で一息ついたその瞬間に，何か空虚なもの足りなさを感じるときがあります．そのときこそ，技術者としてギアチェンジやスキルアップが要求される時期なのです．上級技術者へギアチェンジやスキルアップするために複雑で細分化された高度な技術教育や研修課題に対して，今は企業も自信をもって対応ができる上司が少なくなってきています．

その大きな理由として，日本型の還元主義的パターン教育の弊害が出ているように思えるのです．つまり，AとBの製品を比較して使い勝手はどちらがよいか？　見栄えはどちらがよいか？　あるいは，両者のどちらが機能的であるかなどを比較検討し，消費者が便利で使い勝手がよいように，目に見える目先の改善には対応できるが，目先のことを離れて，そこから先の長期的な幅広い展望は見えてきません．それでも，真面目ということを旗印に，国民全体が一致団結しながらモノづくりに励み，一方向の一次関数で乱れることもなく同一歩調で戦後の高度成長期からバブル期まで世界市場の先端技術を先導しながら過ごしてきました．

現在は，そのバブルがはじけて，低成長となり，ややもすればマイナス成長に陥りかねない状況を呈しています．そのような状況に我が国の産業界が置かれても，経営者・社員共に，まだ「寄らば大樹の陰」にすがろうとするのですか．とっくの昔に大樹は枯れて幹が腐り，過去の栄華のわずかな陰を見つけることすら困難になりかけています．世界が求める付加価値のあるモノづくりを真剣に考えているのであれば，地道な努力から幅広い知恵を出し，それが新規性・独創性・社会的有用性のある基本特許につながる発明となることを肝に銘じて，産業界全体がギアチェンジやスキルアップ，人材育成，および環境整備などに向かう将来ビジョンを示す時ではないでしょうか．

(b) 大学院に課題解決の役割が担えるか

科学技術が目まぐるしく進歩する今日，すべて自分一人でギアチェンジやスキルアップをはかり，新しいプロジェクトを立ち上げるなどは，夢物語で実質的には不可能に近いと思います．そこで，その壁を打ち破るか，あるいは，その壁を乗り越えるためのサポート体制を提供することが社会のイノベーションに対応した新しい大学院の役割ではないでしょうか．

一方，我が国の大学院はどこも，社会に還元できる糸口が与えられない多数のポスドク，すなわち就職浪人を抱えています．こうした大学院の存在を疑問視する声が徐々に大きくなってきていることを大学関係者は知るべきです．つまり，社会貢献の面で役立たない大学院を設置して，多数のポスドクを抱えている大学は，一般的に指導教員の研究業績が乏しく，また，彼らの知識不足と指導力不足が社会的有用性のある人材育成ができない根本原因となっている場合が多いのです．また，逆方向から見ても，そのような大学院から学位を授与された者に，社会に還元できる業績など残せるはずがないのは，当然ではないでしょうか．こうした知識不足と指導力不足の教員がのさばることのない大学院が設置されない限り，課題解決の役割が担える人材は永遠に育成できないと思います．

解決策として，大学院の指導教員は，グローバルで学会誌の評価グレードやIFの高い論文を公表している教授たちで構成されるように，文部科学省の強い改善指導が求められます．ここで，再度記述しておきますが，IFとは自然科学・社会科学分野の学術雑誌の引用論文の頻度を測る指標なので，ネイチャー（Nature）のように世界で最も権威ある学術雑誌と評価されるような種類とは異質です．こうした評価グレードの掲載論文をまっ先に評価することは言うまでもありません．もう一つの改善提案ですが，我が国の教授資格についても，ドイツの基準ぐらいに法律で厳しく規制すべきではないでしょうか．

このような対応が実を結べば，企業の中堅技術者が抱える様々な技術面の深刻な課題解決に大学院が直接手助けをして，再度，競争社会の第一線で活躍できる人財として再生させることが可能になってくると信じます．文部科学省もこれまでのように手を汚さずに世の中が自然に変化するのを待つ方式は，経済的に厳しい国際情勢と世界中の大学の格付けが公表される中で許されなくなってきているのではないでしょうか．

(c) 日本再生に向けた社会貢献は大学院の役割か

新しい役割を担った技術者を対象とした大学院は，新たな技術を創生し，その技術を直接，社会に還元することを目的とする点に特徴があります．中堅技術者は知識・経験・ノウハウを豊富に持っているので，技術者としてのギアチェンジやスキルアップを手厚く支援することにより，新しい日本の再生に大きく貢献できるようになることは疑いのない事実です．また，現在，沈滞ムードの日本で，新しい役割を担った技術者の育成を対象とした大学院が，ものづくりの新規性・独創性・社会的有用性を芽生えさせる契機になると思われます．

昨今，我が国の産業界がグローバル化と金融危機，あるいは東日本大震災後に毎年発生する台風被害などの大波を次々に受けて苦しんでいます．その中で，新しい役割を担う工科系大学院で学んだ技術者が，再度，国際競争の第一線で活躍することによって，企業も同時に再生され，再び国際市場での競争力がよみがえってくることを期待します．しかし，今後は工学のあらゆる分野から，様々な経験を積んだ技術者の大学院入学が考えられるので，受け入れ側の指導教授は，高度な見識や経験が問われ，息つく暇もないくらい多忙になるか，あるいは，力量不足で対応できないかのいずれかであると想像されます．

もし，研究室の主催者が，真の実力と度量を兼ね備え，日々研鑽努力を積んできた百戦錬磨の教授であれば，第一線の技術者やグローバル人材などが入学してくることによって研究室の知的な面がいっそう充実・強化されてくるので，幅広く深みのある基礎と応用研究が期待でき，指導体制の拡充が図られます．その結果，様々な研究に支えられた新しいスタイルの研究室が生まれることになります．また，そうした中から社会貢献が生まれてくると思われます．

2.5.3　論文博士

大学院で博士号を取得する 3 番目の方法として修士課程修了後に博士課程後期を経ずに複数の研究成果を学術論文誌に公表し，それらを学位論文にまとめて提出するだけで博士号を取得するしくみが論文博士です．博士課程後期を修了して取得する課程博士の場合は，だいたい査読論文 3 篇が基準で，論文博士の場合は査読論文を 10 篇ぐらい要求されるようです．その理由として，課程博士は研究者の卵で，これからスタートする訳だからその程度で学位論文をまとめさせてもよいだろうというのが一般的な考え方となっています．対する論文博士は，長期にわたって研究を続けている完成された研究者であるという考えから両者に差が生じてくるのは当然だと思います．つまり，課程博士は取得後もまだサポートが必要であるが，論文博士は独り立ちして研究や生産に直接関わる現場の最前線で活躍されている技術者であり，今後，なおいっそうの飛躍が周囲から期待されている訳ですから，両者に一線が画されるのは当然の帰結です．

論文博士の学位取得者は，研究者や技術者として「新規性・独創性・社会的有用性のあるアイディアを出せることと，新規性と独創性のあるアイディアを社会的有用性のある新製品に結びつけるための知恵が出せること」の両方が身についている反面，学位取得までに長い年月を要するというデメリットがあります．そうであっても，学位取得後には実践技術者として「新規性と独創性のあるアイディア」を「社会的有用性のある新製品」として市場に出すために知恵を絞り出し，最先端で実力を発揮して，ひきつづき，有用な仕事の先頭に立つ役目を背負っています．さらに，そのような人は国内外における研究業績と知識，および経験も十分に持ち合わせているので，博士課程後期における学位論文の指導者としての素養も十分持ち合わせており，産学官いずれのパートでも活躍が期待される有用な人財であると言えます．現在は，実体のない虚像の口先だけの専門家があまりにも多すぎます．今後は，こういう本物の専門職に携わる研究者やアナリストが中枢を占めるようになってほしいものです．

上記は学位取得者の理想的な仕事ぶりで，そんなことができる人は，今は，まだほんのわずかです．漏れ聞く所によれば，企業の研究所などではその場その場で発生した問題を解決した学術論文をいくつか採択し，それらを無理やりつなぎ合わせて学位論文にまとめ上げる企業の技術者が大半のようです．何とか体裁を整えた学位論文を読み返してみると，継ぎ接ぎだらけで，内容の薄い学位論文になってしまったというようなことを執筆者自身から聞くことがよくあります．こうしてまとめ上げた学位論文は論文博士の目的にそぐわず，ただ学位を取得しただけで，今後の社会的有用性を踏まえた展開は望めません．

日々の研究成果を博士論文にまとめる場合は，それぞれの研究成果が無理なく章立てできることが理想です．そして，まとめを書いた後，そこから普遍的な提案ができれば最良の学位論文だと思います．そうなるためには，収束することのない生涯テーマが不可欠です．その基礎部分の小テーマを一つひとつ論文にまとめて，ここまで成果が得られたら学位論文にまとめようというようなしっかりした考えのもとに研究を進めたものでなければ良い学位論文は書けません．さらに普遍的な提案は，学位論文のまとめをベースに生涯テーマの応用部分の展開を見つめながら書き上げるものでなければ意味がありません．

論文博士で学位取得を考えておられる方は，再度申しますが，研究成果が無理なく章立てできるように研究を進め，その成果が論文として学会誌に採録されることが必要条件です．そうした論文を集めて章立てした集大成が学位論文で，「まとめ」の後に「普遍的な提案」ができるようであれば最高です．学位論文を書き上げたら「普遍的な提案」を英語に訳して世界に信を問い，それが認められたら，「普遍的な提案」に基づいて今後の応用研究を進めます．それに対して，継ぎ接ぎだらけでまとめた学位論文は内容が薄っぺらで，学位取得後の応用研究には役立ちません．それだけではありません．学位論文をまとめるときの章立てと内容の継ぎ接ぎに相当苦労することになります．

現状では課程博士と論文博士の両方とも，ただ学位を取得しただけで社会的貢献がほとんど見られない学位取得者が我が国にはあまりにも多すぎます．こうした学位取得者は，単にポスドクを増やすだけで，社会の要請の何の答えにもなりません．就職先を見つけることもできないポスドクを増やしたことについては，監督官庁の文部科学省，大学院，指導教授と学位取得者のいずれもが等分に責任を負うべきであると考えます．

ポスドクが増えるのは，学位論文を構築するための研究計画書の作成と学位論文の章立てなどにおいて，博士課程後期の大学院生の指導ができない教員を抱えている大学院が多すぎることに起因します．博士課程後期を指導できるDマル合の資格をお持ちですか？　お持ちではない教員が大学院の中に多くおられるのではないでしょうか？　また，大学院生自身が適性もなく，知識不足が甚だしい中で，自分を過信し，学位だけにあこがれを抱いて，前後の見境もなく博士課程後期に進学したことに原因があると考えます．こうした曖昧な考えでは，うまくいくものもいかなくなると思います．

2.6　海外の大学や大学院への留学を考える

生き残りのために，教育最前線の教員の質と大学の将来ビジョンなどの受験生の目につきにくいものは放置して，目につきやすいカフェレストランや噴水などを設置した新しいキャンパスを整備する，あるいは，就職の内容は無視して，就職率100％だけを吹聴する我が国の大学の現状に愛想が尽きて，学びの場としての魅力を失って国内での進学を断念したあなたにお勧めしたい情報です．

海外の大学への留学を検討されたらいかがでしょうか．思い切って教育システムが充実したアメリカやヨーロッパの大学への進学を考えてみるのも一つの方法だと思います．アメリカやヨーロッパで国際的な格付けが上位の大学に入学して精一杯努力すれば，学部で専門的な基礎力が確実に身につきます．さらに研究者を目指して大学院に進学し，博士号を取得すれば新規性・独創性・社会的有用性のあるアイディアのだせる新進気鋭の学者への道が開けてきます．授業料等の準備ができるのであれば，使命を放棄した我が国の大学に見切りをつけて，学部から海外の大学へ進学するのも一考かもしれません．そうした受験生の皆さんのために本節では，海外の大学・大学院への留学を英語圏，ドイツ語圏，フランス語圏に分けて具体的に説明をしていきたいと思います．

最初は，英語圏の大学に留学・研究を希望する場合をピックアップして説明します．英語圏の大学へ留学・研究を希望する非英語圏の学生は，英語による高等教育に適う能力の判定を受けて，大学が指定した以上の点数を取らなければ留学・研究ができません．アメリカとその他の英語圏の大学は，ETSが主催しているTOEFLを受験するのが一般的です．もう一つ，日本でよく知られている英語力の判定テストとして，イギリスのケンブリッジ大学英語検定機構（Cambridge English Language Assessment），英国文化振興会（British Council），およびIDP Education（International Education Specialists）などによって共同運営されているIELTSがあります．オックスフォード大学とケンブリッジ大学では，IELTS以外に学力試験と面接が課されてシビアなチェックがなされます．IELTSはオーストラリア，イギリス，カナダ，アイルランド，ニュージーランド，南アフリカ共和国のほとんどの教育機関で受け入れられています．さらに，アメリカの3,000以上の教育機関で受け入れられている以外に，オーストラリア，ニュージーランド，カナダなどへの移民の必要条件にもなっています．

つぎは，ドイツの大学に留学するための語学試験について説明します．ドイツ国内の大学に入学するためのドイツ語試験として各大学で実施されているのは，DSH（Deutsche Sprachpruefung für den Hochschulzugang）です．ひとつの大学でこの試験に合格したら，別の大学でも認定されるという特典があります．しかしながら，日本で受験することはできません．この試験の成績はドイツ国内のすべての大学間に適用されます．

DSHの試験内容ですが，「読む」「聞く」「書く」の3つの筆記試験と，面接による口頭試験の2部構成になっています．なお，筆記試験のすべてが記述式で，選択式はほとんどありません．筆記試験に合格した受験生だけが，面接による口頭試験に進めます．筆記試験と面接による口頭試験の両方が受かれば合格です．

合格ラインは解答得点率により，低い方からDSH1～3に分類されます．DSH1は最低合格なので，大学もそのレベルの大学しか認定されません．

DSH2の合格ラインは，解答得点率で67%～82%とされています．この成績を取っていれば，全大学のほとんどの学部に入学認定されます．DSH3は解答得点率が82%以上で，最高合格ラインとなります．DSH3に合格すると，医学部などの超難関学部に入学することができます．ここで，最終成績は，筆記試験と口頭試験の2種類の試験結果の低い方で成績を評価するという厳しいルールが敷かれています．例えば，筆記試験でDSH3を取っても，口頭試験でDSH1しか取れなかった場合，試験の成績はDSH1としか認定されません．

最後は，フランスやフランス語圏の大学に留学するための語学試験について説明します．フランス国民教育省認定のフランス語資格試験において，基本の筆記試験TCF（Test de Connaissance du Français）は解答選択方式76問で実施され，聞く（29問），書く（語彙・文法18問），読む（29問）の3分野で構成されています．試験時間は1時間25分です．語学力証明を補完するために，基本の必須試験に加えて，2つの表現力試験である口頭表現試験と文書作成試験を付加しています．口頭表現試験は，面接官1名と12分間の面談を行います．面談は録音され，必須試験の答案と共に採点者に送られます．文書作成試験は，1時間以内に3つの課題に文章で答えます．課題の難易度はレベルの高さに比例します．本試験は，CIEP（国際教育研究センター）が認可した試験センターでのみ受験することができます．

フランス国民教育省が認定した唯一の公式フランス語資格（Diplôme）で，一度取得すれば無期限有効です．フランス語学力資格試験であるDELF（A1，A2，B1，B2）とフランス語上級学力資格試験であるDALF（C1，C2）は，6段階のレベルごとに「読む」「聞く」「書く」「面接」の4つの能力の評価試験が用意されています．試験で，5割以上得点すると合格です．なお，DELF B2またはDALFの取得者は，フランスの大学に登録するための語学試験が免除されるという特典があります．

このように日本で受験したいと思える希望の大学が見当たらない場合には，海外留学について検討してみるのも一つの選択肢かもしれません．我が国の大学や企業のほとんどが口先のパフォーマンスだけで真のグローバル化を遂げられない今，大学受験や企業に就職される皆さんが，逆に率先して海外に出ていかれるのが，世界を知る一番手っ取り早い方法で，また，そうしなければ島国根性の閉じこもりから目覚めて脱皮するのは難しいかもしれません．一度思い切って海外に出てみると，今までとは違った新しい世界が見えてくると思います．意外に「案ずるより産むが易し」かもしれません．しかし，留学する際は当事国の特徴を調べておくことが求められます．例えば，その国が芸術に秀でているのか，先端技術なのか，あるいは哲学的論理学なのかなどを熟知した上で，自分の適性と考え併せて留学先を決定しましょう．

筆者自身留学経験はありませんが，国際会議やその他の出張で80回ぐらいは海外に出かけました．出かけるたびに何らかの新しい経験があったように思われます．特に，その地の歴史や文化を紹介する博物館には，出張の合間をぬって必ず出かけました．こうした経験も若い時だからこそ必要なのです．目の前がパッと明るくなって，今までの視野が何十倍にも広がる気がします．こうして，改めて我が国を外から見てみるのも，自分の意識改革に必要不可欠だと思います．

第Ⅲ章
就職活動と企業

3.1　就職活動と企業の選択

人材の要求と企業のグローバル化などについて述べる前に，ぜひとも話しておきたいことがあります．それは，就職活動（就活）で，まず自分が将来に向けてやってみたい得意分野が明確に分析できていますか？　それが明確化できているのであれば，将来性を見越して自分に適合していると思われる企業を数社挙げてみて下さい．次に，挙げた企業を訪問し，生涯を託して努力するに値するか否かを，自分の分析結果から評価して下さい．そして，評価結果が満足できるものであれば入社試験を受ける．これが就職内定を得るための正しい就活方法のはずですが，ほとんどの就活生は，どうも入社試験を受けた企業に一方的に選択され，自分の意思など皆無なのが現状です．これでよいのでしょうか？

ここで，就活を始める前に必ずしておくべきことがあります．それはインターンシップによる就業体験です．就業体験する企業は，自分が就職したいと考えている分野の企業であればどこでも大丈夫です．これを体験しておかないと，就活企業に対するイメージが湧いてきません．インターンシップを終えたら、就活の入門編は完了です．

最初に大企業の就職の一例を説明しておきます．大企業に人材として就職が内定し，将来幹部を目指すことを約束されている難関大学の就活生を除いて，ほとんどの大学の就活生は傲慢な大企業の要求を100%受け入れなければ就職できないソルジャー枠での内定です．

しかし，求人数が減少すると，採用担当者が横柄な態度から，急に手のひらを返してペコペコしながら大学のキャリアサポートセンターを訪ねてきます．そうすると，間に合わせのソルジャー採用枠であっても，大企業からのお誘いですから，その大学では単純に喜びます．なぜなら，次年度の就職枠に，これまでなかった大企業の名前が入れられるからです．こんなことを繰り返すピエロ大学に進学しても，あなたは満足ですか？　ただ，自分の進学時の学力からすれば仕方なかったとおっしゃる就活生は，ソルジャー採用枠の大企業から少し規模を落として，中堅企業で自分の力を発揮できるポストを考えてみるのも一つの方法かもしれません．生涯がかかっているので，頭を少し柔らかくし，いろいろ選択肢の幅を広げて冷静に考えてみてください．

90％ぐらいのソルジャー枠で採用されたら，黙って上司の命令に従って，不満を言うこともなく言われた通りに仕事をして生涯を全うするか，不満があればいつ辞職してもよいのですが，辞職すると言っても誰一人慰留してくれる上司はいないと思います．それが現実の社会なのです．長年学生の就職に携わっていると，採用担当者の目先の行動様式が手に取るように見えてきます．少子化で労働力が不足すると，途端に企業の採用担当者が腹の中では無視しながら，表面上ペコペコして，いつもは振り向きもしない下位の大学のキャリアサポートセンターを訪ねてきます．その対象の大学からすれば，彼らの行為が丸見えで，心根が分かっているだけに本当に腹立たしい限りです．いつになったら対等で，Give and Takeの関係として常識的に話し合えるようになるのでしょうか．就活生と企業の採用担当者，そのほかの関係各位も一度よく考えてみていただきたいと思います．

孫子の兵法の「彼を知り己を知れば百戦殆《あやう》からず．彼を知らずして己を知れば，一勝一負す．彼を知らず己を知らざれば，戦う毎に必ず殆し」のことわざの通り，企業に就職しようと思えば対象企業のことをまず知らなければ，内定を取ることはできません．そこで，建前論的な説明はひとまず脇に置いておいて，実務経験豊富な情報系企業の元CIO（第Ⅲ章の共著者）に議論に加わってもらって，「ボーダーレス時代の企業の内情」と「生涯をかけて就活をしてもよい企業の選択」などについて，本章で分かりやすく解説します．

将来の幹部を約束された難関大学を卒業した社員は，30歳前後になると，職場では文系，理系の壁が取り払われて，真のビジネスパーソン（Business-person：ビジネス界で男女を区別しない両者の総称）としての幅広い活動領域に入ります．例えば，ICT（Information and Communication Technology：情報通信技術）におけるコンピュータやネットワークに関連する技術や，それらの応用技術などに携わるクリエーター（Creator：創造者）やイノベーター（Innovator：革新者）などは，経営能力や経営視点からの感性なども同時に養われます.

大学生にとって，就きたい職が自身の特性を活かせる以外に，入社したい大企業に波長が合う先輩がいることなども選択の重要なポイントになっています．ひとたび，人材として大企業に入社すれば，自身の特性に気付き，特性を活かして，有用なアイディアが出せる環境が整備され，努力によって自分のアイディアが次々と花開くことも大きいファクターです.

大企業は，将来，下記の職務を遂行させる人財として，難関大学の学部卒業生や大学院修了生を採用します.

①無から有を生み出す新規性・独創性・社会的有用性のあるアイディアを絞り出せる人財.

②絞り出したアイディアを製品化できるように計画書にまとめる論理的思考能力を備えた技術者.

③計画書に基づいて，生産現場でモノづくりをリードできる技術者.

大企業には，将来を担わせる目的で採用した①～③の技術者の卵を，まず，それぞれの現場で経験を積ませて，「人材」から「人財」にまで成長させる責任があります．①～③の人材が「人財」まで成長して才能を発揮できなければ，「新規性・独創性・市場性，および付加価値があるモノ・コトづくり」において，我が国の産業に明日はないと言っても過言ではないと思います.

ただし，大企業といえども採用した「人材」が「人財」まで成長するには長い年月を要するので，現在進行中の製品開発と市場開拓には間に合いません．あくまで，彼らは次世代の「モノ・コトづくり」が対象です．そこで，次世代の「モノ・コトづくり」の対象が柔らかい頭脳を持ち合わせているうちに，企業の経営者や中間管理職が「人材育成プログラム」を実行に移して人財にまで成長させなければ企業の明日は見えてきません.

つぎに，大企業のソルジャー採用に無理して就職を決めなくとも，他に力を発揮する場が考えられます．例えば中小企業です．倒産を含めて波風が立つことは承知の上で中小企業に就職し，自らの力量を十分発揮するのも人生を謳歌する良い方法かもしれません．大企業で発言権もなく，歯車としてこき使われ，無難に生涯を過ごすか，中小企業の波乱の中で力を発揮しながら過ごすかは，就職する者の考え方と，気力や力量にかかってきます．そのかわり，中小企業の場合，力量や才能があれば遺憾なく好結果を出すことができますが，困ったときに力を貸し，また相談に乗ってくれる人財が周囲にいません．すべてを一人で背負わなければなりません．つまり，中小企業は人財や財力を含めて体力が弱いことが難点の一つです．これらのことを承知の上で，頑張ってみようと思えば中小企業を就職先に考えるのも，中堅どころの大学であれば良い選択かもしれません．また，明日を夢見る希望と新しい時代を切り拓く強い信念があれば面白い選択肢とも言えます．

上記を読んで，安全で無難なソルジャー採用の大企業を選択して，生涯を現場のその他大勢でうごめくか，あるいは，荒波押し寄せる大海の中で中小企業を選択し，木の葉のように揉みくちゃにされながらも，自分を必要としてくれる場があって，生きがいをそこに求めるかのどちらを選択するかは，あなたの決断次第です．

その他に大学選択から就職に至る，もう一つの究極の選択について説明します．例えば，田舎から憧れの関東・関西の2大都市圏のいずれかの有名私立大学に進学して，学部卒業や修士課程修了で就職を考えるのであれば，いっそのこと田舎の各県に一つずつある国立大学に進学して，県庁や市役所などをはじめとした地方公共団体や小・中・高の先生などを目指してはいかがでしょうか．都会の有名私立大学への進学で生活費や授業料などで多大な出費に苦しみ，就学金の借款とアルバイトに明け暮れながら卒業して，挙げ句の果ては大企業のソルジャー採用で生涯こき使われるより，よほどましな感じがします．

また，例示した2大都市圏の有名私立大学は入学金や授業料が高額なために，ほとんどの田舎出身者は奨学金という名の金利を伴う借金とわずかなアルバイトで学業を続けています．大学を卒業して就職すると，長期間にわたって奨学金という名の元本と利息の両方の返済で苦しむことになり，返済が滞ると自己破産が待っています．実際，そうなっている卒業生もけっこういるように見受けます．こうした生涯に不安感を抱かせる大都会の有名私立大学に夢をはせながら虚像のあだ花を咲かせるよりも，田舎の国立大学で実利的で堅実な花を咲かせる方法を検討するのも一考ではないでしょうか．

ただし，国立大学の受験には，まず「大学入学共通テスト（2020 年度から，現在実施されている「大学入試センター試験」が改変）」を受けて，高校の主要科目全般が大学の講義に耐えられるレベルに達していることを証明しなければなりません．そのために，高校 3 か年はバランスのとれた勉学が要求されます．大学入学後も，こうしたバランスを保った学修の積み重ねによる幅広い知識が，卒業後の就職で成功するベースとなる訳ですから，高校時代から私立大学に特化した勉強で知識範囲を狭める必要など何処にあるでしょうか．また，受験雑誌の偏差値という表面上の言葉に惑わされて，受験生のすべてとは申しませんが，大学教授の真の力量を見落としていませんか？　コンピュータのウェブサイトを活用して，進学したいと思う大学の学部・学科の教授の公開された研究業績などをチェックして，入学後にこんなはずではなかったと後悔しないようにしてください．特別な大望を抱いて国立の超難関大学に挑戦するのでなければ，少し真面目に勉強して地方の国立大学への進学をお勧めします．この件では，受験生に再考を求めます．その結果で最終決断をしても遅くないと思います．

3.2　階層社会と企業

現実の社会では下層・中層・上層が混在し，漠然と階層社会が構成されていることは理解しても，毎日，何となく同じ土俵で活動し，疑うこともなく生活している筆者らでも，我が国の「国民のほとんどが中流」であるとする考え方は前世代の遺物で，現在は誰の目にも格差社会が定着していることぐらいは見えています．しかし，我が国も敗戦後勤勉に働き，高度成長期を経て，1970 年に開催された大阪万国博覧会で先進国の仲間入りを果たしました．その後バブル期を経て，現在は低迷期に陥ってどうしようもなく，ただ，もがいているだけの企業が大半を占めています．

それだけではありません．「ボーダーレスだ！」「グローバルだ！」と叫んでみても，その波に乗り切れていない企業が多く，「ベンチャーで景気がいい」とか言っても，ただ，現在あぶく銭が手元にあるだけで，明日のことはわかりません．こうした不安定な状況に我が国が置かれ，問題山積で政府の舵取りもうまくいっていないことは誰の目にも明らかです．それだからこそ，格差がますます顕著になっているのです．こうした不安定な砂上の階層社会に，どうしたら鉄筋を入れてセメントで固められるか，今こそ考えるべき時がきているのではないでしょうか．

3.2.1　社会と企業を直視する

戦後の我が国の経済成長を，「黎明期」「成長期」，および「成熟期」の3期に分類して，就活生の就職が内定し，人材から人財へ成長していくための糧になれるように分かりやすく説明していきたいと思います．「黎明期」は「伸びしろ」が多種多様で，「成長期」や「成熟期」を迎えた国々の実情を参考にしながら，より豊かな国造りを目指してがんばれば何をしても利益がでる時期です．つまり，「黎明期」は，この後訪れる「成長期」や「成熟期」における仕組みの様々な「試行期」でもあるのです．企業の場合，「黎明期」は創設期であり，人間の場合は自立が芽生える幼児期でもあります．ただ，幼児期であるために成長を遂げる過程で，ミスや失敗をしながら，それを成功に結び付けて向上していく時期であるとも言えます．

「成長期」は，職場内で自分の持ち味を生かした実働の中で，図3-1に示すように，自らの強みの源泉である価値観を磨く努力をする時期だと思います．この時期は基盤がほぼ確立されているので，国民の大半が中流意識を持って豊かさを感じます．成長期に成した様々な仕組みを，成熟期にイノベーションするのは不可能に近いと考えます．なぜなら，成熟期は限りなく頂点に近づいているので，成長期のような伸縮自在なゆとり幅を持つことができないからです．それゆえ，成熟期の対応を誤ると，徐々に経年劣化しながら陳腐化していくことになります．

成熟期を生き残るために，「競争・消費市場」「労働市場」，および資金調達・

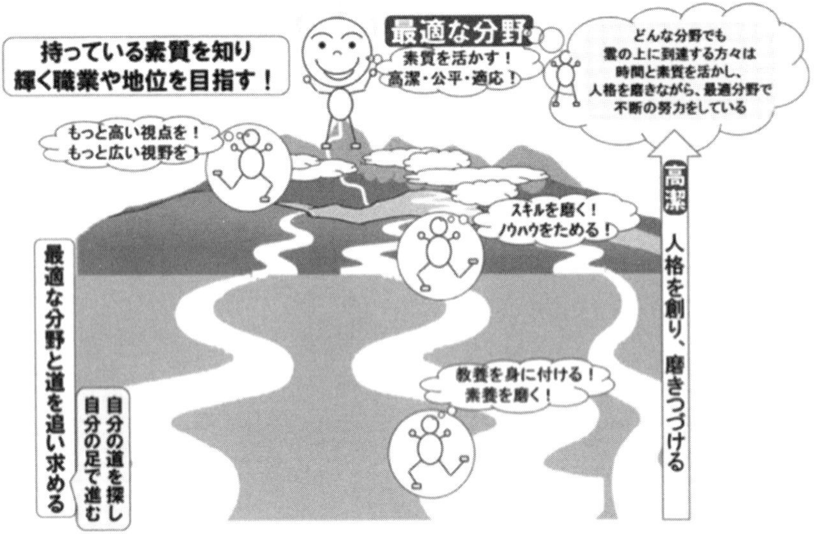

図 3-1　価値観を磨く

投資形態などに関わる「資本市場」について読み解く3項目の指標を下記に示します.

①「ボーダーレス化」や「グローバルな活動領域」について，どのように考えていけばよいか.

②業種・業界や規模の差だけでグローバルな活動の優劣を決めるのではなく，各企業が提供できる価値観をどのように認識するか.

③国際市場競争を下から支えるために，ニーズや風土・文化がどのようにかかわっていけるか.

3項目の指標の総合評価に基づいて，「資本市場」を読み解いていきたいと思います．サービス業，卸・小売業，および飲食店などからなる「業種別就労人口構成」の変化を，外国人の就労状況と流動化する就労者の高齢化とを対象として検討すると，我が国の就労分布の経年変化は比較的小さいが，それでも変化の兆しが見えてきます．特に，大企業におけるビジネスが，製品提供だけの形態からサービスを含む形態に変化して，「サービス業」に従事する就労人数が急激に増加してくることが分かります．少子化が影響して就労者が減少すると「人手不足」が慢性化して，常時「売り手市場」になってくることは言うまでもありません．ここ数年,「昨年は『買い手市場』であったが，今年は『売り手市場』になった」というような報道が死語になったようです．「ボーダーレス化」や「商品・事業のイノベーション」による高付加価値化が求められる現状では，過去の「人手不足」が「人財不足」にまで波及して，それが人財の流動化に繋がってきます．そうなってくると，今後ますます「人財不足」が増大化し，その結果，組織が空洞化して徐々に破綻に向かう様子が見えてきます．また，ファイナンス（Finance：金融）にインターネットが導入されたことで，この業界にも多様化の波が押し寄せてきました．こうした状況を踏まえて，企業が資金調達する際の項目を以下に記述します．

①「守り」の収益・利益だけに固執すると破綻する．社会変化に挑戦することや，企業イノベーションの「手段としての上場」などは，貸借対照表（Balance sheet：BS）の意識過剰が契機になって，初めて「攻め」の要素に結びつく．

②「人材から人財に成長する可能性を秘めた新入社員」の確保が企業価値の質の向上に結びつくので，自己努力をする「伸びしろが見込める人材」を確保する．

③企業の特質を活かした他社との対等な連携やM&Aなどにおける「攻める」・「挑む」・「イノベーションする」などの姿勢が，商品力や商品要素の強化に結びつく．

つぎに,「グローバル」を広義に解釈すると，国家間を超えた地球規模の様相，すなわち，国境がなくなることを意味するので,「グローバル」は「ボーダーレス」に繋がってきます．その考えに基づくと,「ボーダーレス」は先進国≒成熟期，発展途上国≒成長期と考えてよいのではないでしょうか．両者の他に，最貧国（崩壊国家）≒黎明期が加わって，産業界に多様なニーズ（Needs）やウォンツ（Wants）を生み出しているように思われます．なお，消費者の欲望に対して，ニーズは欠乏感を意味し，ウォンツは欠乏感を満足させるための具体的な商品やサービスの欲求を意味します．そう考えると，社会と顧客が気付く前に，ニーズやウォンツをキャッチし，商品やその要素であるサービスの価値の質を上げることが，「攻める」「挑む」「イノベーションする」などの姿勢に直結するのです．

上記のような世界観から企業を見た場合，その事業展開で得られる効果や影響を包括的に評価すれば，「黎明期」「成長期」「成熟期」の間にそれぞれ相似関係が見られるのではないでしょうか．

我が国の「黎明期」や「成長期」に目を転じると，19 世紀半ばに始まった明治維新という革命，明治新政府による富国強兵という名の産業革命は「黎明期」に該当し，20 世紀における敗戦後の高度成長期から「大阪万国博覧会」までが「成長期」に該当します．例えば，我が国の「黎明期」は自らの夢を想い描くまでもなく，すでにそのモデルが欧米に存在していたので，それを目標に奮闘すれば，比較的短い年月で目標に到達できました．敗戦後の 20 世紀半ば以降の「成長期」は，「朝鮮戦争」と「ベトナム戦争」の特需に助けられて一気に復興の道を駆け上がりました．それだけではありません．1970 年には「大阪万国博覧会」を開催することで，「成熟期」と言われている先進国の仲間入りが果たせたのです．

現在，「黎明期」にある「成長期」以前の国家や企業などは，柵となる既存の基盤などが眼前に立ちはだからないので，インターネットやスマートフォンなどを活用すれば数段ずつ跳び越えることが可能です．それに対して，成熟期にある国家や企業などは，多数の問題を抱えています．問題の解決には，育成した人財が持つ特性をどのように活用できるかが重要なポイントになってきます．

3.2.2　ネットワーク時代の製品

メーカーが，使い勝手の良い新製品を開発したので「さあ，使ってください」と言って，一方的に市場に出荷するような時代は終わりました．新しい「モノづくりとネットワークの時代」の幕開けです．企業価値は，単に製品化，すなわち，モノづくりの時代からビジネスモデルとして，製品に加えて，その製品の価値観を最大限に評価して見せるサービスを含めた「製品＋サービスの一体化」による新方式で商品を消費者に提供する時代にイノベーションしました．新方式で提供する商品として，消費者にフィットさせるナレッジ（Knowledge：知識）の融合体が市場に出回るようになってきました．従来は「素材」が「部品」を産み，「部品群」が「半製品」を産む．さらに，「半製品群」が「製品」を産みだし，現在は，従来の製造フローを越えて，「製品」が「要素・部品の集合体」として「複合製品」を産み，「複合製品」に「サービス」を付加させることで「市場での商品化」が図られています．なお，「複合製品」は，自社保有でないモノも含めて商品の要素が構成されています．すなわち，OEM（Original Equipment Manufacturer：納入先の商標による受託製造）化が定着しました．さらに，ネットワークの進化に伴って，情報提供のために必要なシステムの構築・運用・運営に関する資源がインターネットを通じてサービス（X as a Service）される時代になりました．

「サービス時代」と言われ始めて久しく，確実に「複合製品」＋「サービス」＝「市場での商品化」が進化を遂げています．そのことは，厚生労働省の統計データから就労人口がサービス業にシフトし，増加していることからも分かります．また，それに相俟って，企業の「サービス」から得られる収益・利益にも増加が見られます．サービス≒「ビジネスパーソン（Businessperson：男女平等表現）」なので，国家や企業におけるビジネスパーソンの成長やレベルの向上が増収・増益に繋がってきます．そのことは，イタリアの経済学者ヴィルフレド・パレート（Vilfredo Frederico Damaso Pareto：1848-1923）が発見した冪乗《べきじょう》則（80：20の法則）によって証明されます．

パレートの冪乗則は，ビジネスにおいて，売り上げの8割は全消費者の2割が生み出しているので，売り上げを伸ばすには消費者全員を対象としてサービスするよりも，売り上げの8割に貢献している2割の消費者に的を絞ってサービスをする方が効率的であるというものです．また，逆方向から考えると，商品の売り上げの8割は，全商品の2割が生み出しているとも言えます．この理論を熟考してみると，「成熟期」に我が国の大多数の企業が尽力してこなかったマーケティングや産業スパイ活動などから得られる情報の分析が，いかに重要であるかを物語っているのではないでしょうか.

その他，一企業の独創的な製品開発には限界がきていると思います．企業の研究所で秘密を守りながら粛々と研究を続けたり，企業が持っているモノと研究員たちができるコトを組合せながら新製品を開発したりする形態は，すでに時代遅れになっています．そして，消費者に受け入れられる商品を創る新しい「ナレッジ時代」の足音が徐々に高くなっています．なぜなら，消費者が持っている次世代商品のウォンツやニーズは，インターネットによる幅広い情報収集を利用すれば簡便に得られるからです.

次に，「サービス時代」のつぎを構成するであろう「ナレッジの時代」の製品群とサービスの組合せについて検討します．ここでは，ナレッジをいかにして商品にデリバリーするかがキーポイントになってきます．例えば，消費者から提供されたウォンツやニーズから得られるナレッジは，商品に活用することでフィットさせる領域が広がってきます．その商品を社内と連携先とが共同で試験的にデリバリーして成果が得られるようであれば，成果をビジネスモデルやソリューションモデルに組み込むことで，ナレッジそのものが商品構成の一部分になります．そこで，成熟期はサービスやナレッジを含めた提供形態を想定し，消費者や社会からの反応・反響，および知識などを収集して蓄積し，そのデータが活用しやすいようにナレッジベース（Knowledge Base：知識ベース）を作成することが求められます．一方，「ナレッジ時代」は，これまでの閉塞世界における「内弁慶」を脱却しなければ衰退しか残りません．特に，外国に出かけていく「勇気」や「挑戦心」に加えて「胆力」を持てる真の「人財」に成長しなければ，ナレッジ時代を生き残れないと思います.

商品が「製品」＋「サービス（ナレッジが裏に隠れている）」で構成されており，その背景を支えているのがソフトウエア（Software）です．つまり，現代社会で「家庭にある家電製品や自動車」「オフィスにあるコピー機，プリンタ，ファクシミリや複合機」など，ソフトウエアが組み込まれていない製品は皆無に等しい．もちろん，従来型の素材に始まる製品化までの「モノづくり」の工程は，進化を遂げながら主要な機能は継承されています．「モノづくり」

の工程を機能させているソフトウエアは，単純な部品制御の役目だけでなく，半製品・製品を活かせる要素や部品の一つとして進化を遂げています．

製品にソフトウエアが組み込まれる背景には，製品の価格戦略や機能競争が関係していることは言うまでもありません．つまり，ハードウエア（Hardware）だけで提供できる価値に限界がきていることも大きい要因の一つになっています．さらに，サービスやナレッジが商品要素に組み込まれることで，消費・消耗材の時代から「モノ」を大切にし，商品の機能を低下させることなく，できるだけ長く使用し続ける「知恵の時代」へと徐々に移行しているのです．

3.3　企業の成長

成熟期の企業の更なる成長は，「人財（Human Resource）」「仕組み（Contrivance）」，および「評価（Evaluation）」の 3 要素から始まると考えます．

3.3.1　人財・仕組み・評価

「人財」「仕組み」，および「評価」の 3 要素をどのように組み合わせて使っていけば，企業の更なる成長が見込めるのでしょうか．3 要素の組み合わせから企業の成長が見込める項目を抽出して，それぞれの項目について詳細に検討しました．検討結果から，企業の成長が見込める項目は，5 項目あることが解りました．その 5 項目を以下に記述します．

①「人材」を企業の中枢で活躍できる「人財」にまで成長させる．
②人財による「創発力のある知恵」を大切にする．
③「風土・文化と企業の基本的な枠組み」の関係を伝承していく．
④企業内で「バランス良く調整できる仕組み」と「イノベーションや進化できる仕組み」をうまく機能させて新陳代謝を図る．
⑤成功体験を携えて企業の中枢で活躍してきた階層を，過度に「持論に固執」しているか，あるいは，「前任者の手法や方向性を過度に否定」して

いるかなどの面から評価して，今後の更なる企業成長の糧とする．

ここで，「人材」には，企業に属するビジネスパーソンとしての位置づけと，社会の構成員としての位置づけの両方があって，日常の部門における現場の対応は「Integrity（誠実さ）」を持ってなされるべきだと思います．しかし，それだけで過ごしては，人財まで成長しません．それには，図 3-2 に示す「Empowerment（イノベーションに必要な力）」，すなわち，企業の中でやっていくために必要な実力を身につけたり，素養を磨いたりすることが要求されます．その過程では，上司や先輩のサポートは必要不可欠ですが，それよりも何よりも，まずは自分自身が日々研鑽努力する姿勢が一番大事です．苦しいことがあると，それだけで頭の中がいっぱいになって，単純にギブアップするようでは，「人財」にまで上り詰めることは困難で，その道程に赤信号が点灯することになります．

例えば「人材」が「保有する特性・素質を開花させること」と，「鍛錬に

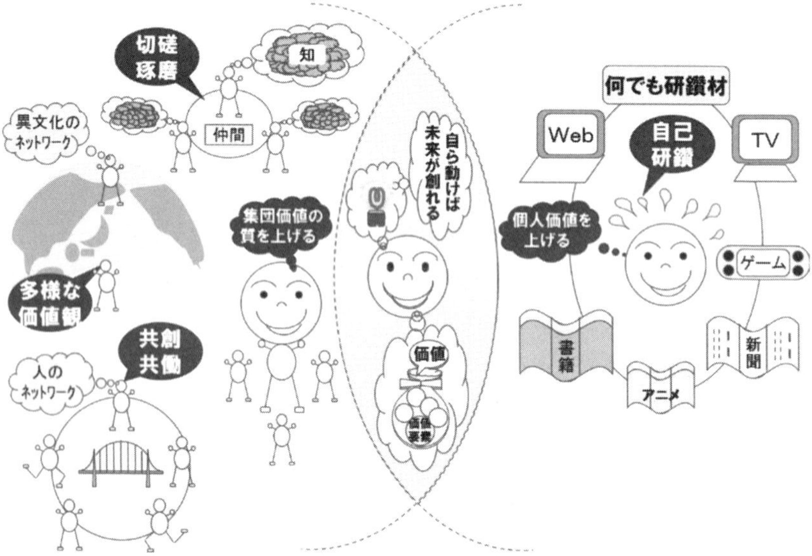

図 3-2　Empowerment

励んで身につけた素養を実働に活かすこと」の2項目を遂行することで「Empowerment」が達成されると仮定します．その仮定に従って企業内を見渡すと，「人材」の周囲に存在するモノ（製品に代表される有形財）とコト（サービスに代表される無形財）のすべてが「Empowerment」に結びつくことがお分かりいただけると思います．

以上のことから，「Integrity」と「Empowerment」が企業で実働するための両輪であることが理解できるのではないでしょうか．こうして，徐々に新入社員は，「人材」としての基本と，社会や企業で培った「力」を活かして「市場での商品化」を図りながら「人財」にまで成長していくのです．

3.3.2　人財成長の背景

「組織」は人間の集合体であり，「仕組み」は人間が知恵を絞りだして工夫した成果の集合体です．それらは，人間の経験や知識が基本要素となって構成されるので，組織における企業の人材採用のあり方，人材を人財にまで成長させる育成環境，および職場での役割の共有化などから多面的に，「人材」を「人財」にまで成長させる背景を考えてみたいと思います．

採用は，以下について綿密な議論を重ねて，「人材育成計画書」を作成する必要があります．①就活生の特性を見抜き，採用後にどの部門で人材として活かし，成長させられるか．②人材が企業の課題解決に向けて創成されたプロジェクトに取り組めるか．③人材から人財にまで成長させる育成環境は，現在の職務遂行も大切であるが，その中で，単に「経験」させるだけでなく，何を入門テーマとして修得させられるか．④それが人材に与えた中長期的課題解決にどのように活きてくるか，作成した計画書通りに人材に実行させ，定期的に成果をレポートにまとめて部門の統括管理者に提出させた後，部門の中でプレゼンテーションさせます．

就活生を人材として採用する裏には，受け入れる企業側にかなりの準備が必要であるのに，未だに「経験」に基づく職務遂行だけに偏重している企業が数多く存在している状況が見受けられます．それでは，企業は生き残れません．

生き残りをかけるのであれば,「経験」に基づく職務遂行以外に，企業を成長させる課題解決型の新しい項目にも人材を真剣に対峙させる経営姿勢が要求されます.

3.3.3　新しい可能性への挑戦

「人材」が「人財」にまで成長するには,「独自性のある有用な実働領域を保持すること」と「イノベーションし続けるグローバル企業が求める人財像に,自らを限りなく近づけるためのたゆまない努力を続けること」が要求されます.成長の細目として,「何をしたいか」「何に活かしたいか」「何に役立てたいか」と「成長のイメージング戦略」などが挙げられますが，すべての細目が完璧にクリアできるところまでは求めていません．細目の 70%以上を満足させられたら,「人財」にまで上り詰める素養が十分あると評価してよいと思います.さらに，努力によって成長の階段を上り続けるには，知識と見識に基づいて知恵をだせるような「新しい可能性」への挑戦が常々要求されます.

企業のイノベーションを「当たり前」にする文化の中で，経営に「楕円思考」を取り入れることで,「強い企業」が実現できるのです．そのプロセスを図 3-3 に示します．ここでの「楕円思考」とは,「東洋哲学と西洋哲学」，あるいは「人間と自然」のように以前は別々に捉えられていた 2 つの事象を一体化して捉える拡大解釈型の思考形態を意味します．ただし，何でも「楕円思考」でくっつければよいと言うのではありません．くっつけた結果，新しい成長に向けた明かりや広がりが見えてこなければ無意味なのです.

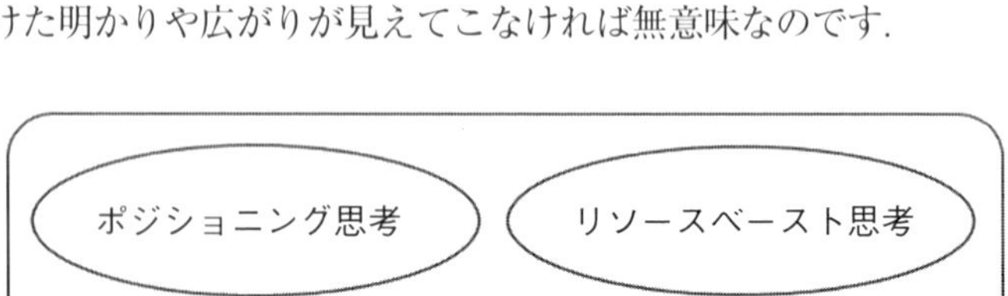

図 3-3　「強い企業」の実現プロセス

強い企業における「楕円思考」の具体例として，「ポジショニング思考」と「リソースベースト思考」の2項目を取り上げて，その実現プロセスについて説明します．「ポジショニング思考」は，競争市場・取引関係などで利益が出やすい経営戦略を考えていく思考法であるのに対して，「リソースベースト思考」は，コアコンピタンス（Core competence：競合他社を凌ぐノウハウや技術力）を武器として戦いに臨んで利益を上げていく経営戦略を考えていく思考法なので，両者をひとまとめにすれば，必要十分条件を満足する「強い企業」の実現プロセスが見えてくるのではないでしょうか．

たとえば，商品・サービスが衰退すると，その都度，衰退した事業部門を売却したり，撤退したりするなどして利益の維持を図ってきたが，そのような経営をいつまでも続けていると，背後で支えている技術力，マーケティング力，オペレーション力などのノウハウが徐々に消失して，気づいたときにはすべてを失って何も残っていない空っぽの状態になりかねません．企業に，まだ，コアコンピタンスが残っているうちに，それをベースに生き残りをかけて新しい事業展開を打ち出さなければ，生き残れません．

つぎに，企業の活動中心の一つである「人財モデル」に関して，役職にこだわらずに考えてみたいと思います．「人財モデル」は，「人材（社員）」「所属部門のリーダー」，および「ヒューマンキャピタル（Human Capital）の評価部門（人事担当者）」が一体化することで構築されてくるものです．「人材」は，企業内で共有している「人財モデル」や「組織間連携」などから，企業活動の意図や背景を知ることができますが，「人財」への道は険しいものです．企業の未来の姿を想定する上で，「キャリア・パス（Career path：成長計画）」を示し，目標とするキャリアに向かって挑戦する姿勢を失わなければ，間違いなく「人材」から「人財」に到達できると信じます．現状では，誰しも「人財」になりたいとは思っても，努力の過程でほとんどの「人材」が脱落していくのも事実です．

3.3.4　意欲と成長

職務を遂行しようとする意欲には,「取引先のウォンツやニーズなどを知ろうとする意欲」「取引先のイノベーションに役だとうとする意欲」, それら以外に,「自社のイノベーションに参画し, 自らも成長を続け, 究極の目標に至る階段を上り続けようとする意欲」などがあります. 意欲の源は, モチベーション（Motivation：動機づけ）で, それは, 他者から与えられるものではなく, 自ら行動するための心理的な原動力なのです. 企業では, 上司の説明責任の希薄さや内容の不十分さが, 部下のモチベーションを低下させることになります.

「人材」の成長が,「企業」の成長と発展に結びつきます. その成長の要として,「好奇心」と「思考軸とプロセス」を取り上げます. 職務遂行上発生する事象に対して「素朴な疑問」を抱き, その疑問に対してバックキャスティング（Backcasting：未来のある時点に目標を設定し, そこから振り返って今何をすべきかを考える方法）の「思考軸」を持ち, かつ, 自分なりに分析しながら, コンピテンシィ（Competency：高い業績や成果につながる行動特性）のある「人財」に上り詰めていくのです. そして, その「人財」が実働領域でイノベーションに参画することで,「飽くなき成長」が遂げられます. いかなる環境にあっても,「職務を全うすること」に「人財」としての意義があります. つまり, 自らの領域で職務を全うするたびに,「視点を高め, 視野を広げる」ことができます. その方法を用いて深掘りすれば, やがて「飽くなき成長の道（図 3-4）」が広がります. この「飽くなき成長」を夢で終わらせないために知識

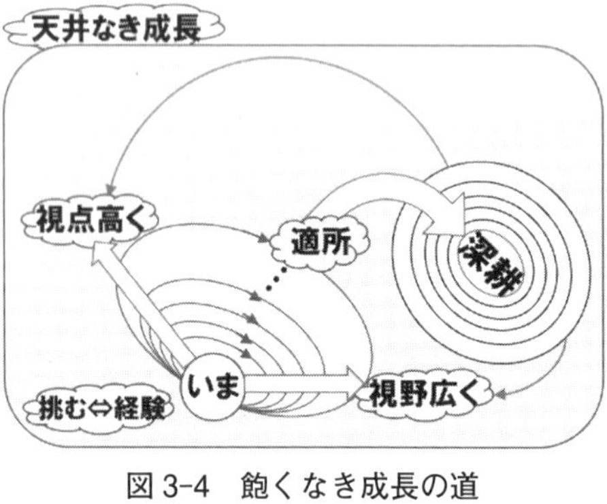

図 3-4　飽くなき成長の道

を広め，それを実践で確かめて自分のものにするという，真の努力が求められます．成長を遂げたか否かは，結果の振り返りから見えてくるものだと思います．

3.3.5 思考と試行

成長の原点には「経験の積み重ね」があり，「経験の積み重ね」には「プロセス」があります．その「プロセス」の集合体がビジネス活動です．ここで，「経験の積み重ね」が単なる経験であっては成長が望めません．理論的な知識と，それを実地で確かめる経験との組み合わせの「プロセス」によってビジネスが成長してくるのです．

「プロセス」は，情報の「入力」→「処理」→「出力」に至る工程を意味します．処理工程は，周囲のアドバイスを受けたり，参考文献を調査したりしているうちに，新しい処理形態が閃いて，順序が変わることがよくあります．一つのプロセスから出力された情報は，次のプロセスの「入力」になって，それが次々に結びついて，より大きなプロセスを形成します．つまり，プロセスの3要素である「入力」→「処理」→「出力」がサイクルとなって繰り返されることにより，その繰り返しがプロセス集合体となってビジネス活動のサイズを決定します．

ビジネス活動における「プロセス集合体」の順序や方法，あるいは内容を変えることが，「イノベーション」に繋がり，それが「未知への挑戦」となって，職務遂行を一気に進化させることがあります．ゆえに，問題の原因を把握して解決につなげる「思考プロセス」と「モノ（製品）のスペックや機能」だけではなく，「モノが実現するコトの豊かさや満足度」を付加して製品やサービスを選ぶ「モノ・コトの試行プロセス」は，脳が柔軟な若いうちに鍛えておきたいものです．後述する「PDCAサイクル（図3-10参照）」の「P（Plan：計画）」が「思考プロセス」であり，「C（Check：評価）」における評価と振り返りが「試行プロセス」に該当します．

職種は，大雑把に「ルーティンワーク（Routine Work：日常業務）」「ナレッジワーク（Knowledge Work：知識による付加価値労働）」および，「クリエーティブクラス（Creative Class：社会の中で新しい価値を創造し，主導できる知的労働）」の3種類に分類されます．その中で，コンピテンシィを携えた「クリエーティブクラス」の活動が企業の成長の鍵になってきます．

3.3.6 未知への挑戦と限界

「未知への挑戦」を続けると，やがて，「人の限界」や「仕組みの限界」などが見えてきます．つまり，経験による力量や知識の限界が，人間の能力を左右するのです．また，どんなに優れた仕組みでもボーダーレスな世の中の変化に対して普遍的でない場合は，サービス時代，さらには，ナレッジ時代における「企業の限界」に到達します．要するに，企業の殻に閉じこもっていては，競争どころか，存在もなくなってしまいます．しかも，そのスピードは限りなく速いのです．

職務上のミスから損失を出した時，それに携わった「人材」一人に責任を押し付けて，他の者は責任から逃れることがよくありますが，本来は「人材」が所属する部門の責任です．あえて言うと，その部門の統括管理者（Administrator）の責任なのです．その部門の統括管理者が責任を取りたくないので，安全面だけから「人材」に指示を出す場合がよくあります．そうした指示は，せっかくの「人材」の成長のチャンスを奪うもので，「未知への挑戦」の意欲を喪失させることになります．成長環境の一つとしてミスを活かす仕組みの創発や，いざという時に「手本」を見せるのも，部門の統括管理者の義務であると考えます．わざとミスする行為や悪意がない限り，職務遂行上で「人材」の責任を問わないようにしなければ，誰も挑戦などしないでしょう．もちろん，「人材」の責任がないかと言えば，そんなことはありません．如何なるベテランでも，専門家でも，企業経営者でもミスはします．だからこそ，「人はミスをするものだ」という前提に立って，チームビルディング（Team Building：能力を最大限に発揮しながら，効果的な組織づくりをする）をして，その上で，集団運営にもっていくことが望ましいのです．

もう一つ，企業の中で大切なことがあります.「報・連・相」という言葉です．報は「報告」，連は「連絡」，相は「相談」を意味します．ビジネス界では，「便りのない」のは安全ではなく，危険が迫っていることが多いと理解されています．危険を予知し，フォローアップ（Follow-up：円滑な事業実施のための支援）をしながら「挑戦させる」のは，「人材」を「人財」に成長させるためには避けては通れない道で，それが部門の統括管理者の役務の一部分になっています.

「未知への挑戦」は，労働災害で知られる「ハインリッヒの法則（Heinrich's Law)」の逆思考から説明できます．ハーバート・ウィリアム・ハインリッヒ（Herbert William Heinrich: 1886-1962）が1929年に，数千件の災害報告の分析結果から「1つの重大事故の背後には29の軽微な事故があり，その背景には300の異常（ヒヤリ・ハット）が存在する」という「300：29：1の法則」を発見しました．それが「ハインリッヒの法則」です.「ハインリッヒの法則」を逆思考から表現すれば，300の小さな努力の積み重ねの先には，29の中位の目標や成果があり，そのまた先には1つの大きな夢が実現する――つまり，「現場で見られる小さな工夫やアイディアを収集すると，中くらいの変化を起こす材料となり，さらに，その材料群が『未知への挑戦』の要素となって，イノベーションをもたらす」ということになるのではないでしょうか.

職務遂行上で有用な工夫やアイディアが出ないのは，日常業務を単純なルーティンワークと決めつけて，あまり深く考えないで平凡に対処してしまうことが原因しています．豊富な経験を活かし，柔軟な視点と視野で，工夫やアイディアを拾い集め，それらをうまく融合させながら「知の財化」を図ることが，部門の統括管理者の役目であり，また，そうすることが要求される立場にある人財だと言えます．現場に密着した知恵をだせば，職務遂行上で，企業の価値要素の質を向上させる「挑戦」に結びつきます．さらに，他の現場で活かす努力をすれば，工夫やアイディアが自然に磨かれ，結果として，「未知への挑戦」に繋がってきます．もちろん，小さな工夫やアイディアを褒めることで，間違いなく，企業の礎である「人材」の活気が高まってきます．そうした繰り返しが「企業の限界」を超えて，イノベーションにつながっていくのではないでしょうか.

3.3.7　企業の強み

企業が生き残って成長し続けるためには，いつの時代も，また，どんな時もケイパビリティー（Capability：企業固有の強み）を持つ必要があります．それを発揮すれば，増収・増益に結びつく「効率化」や「生産性向上」だけでなく，増収・増益の「パラメータ（Parameter）」にもなってくるのです．

つぎに，企業では必ずいずれかの職務に就くので，その職務分担とコンピテンシィの関係について説明します．そのために，図 3-5 に示す職務を「ルーティンワーク（Routine Work）」「ナレッジワーク（Knowledge Work）」，および「クリエーティブクラス（Creative Class）」の 3 種類に分類し，それぞれのコンピテンシィを分かりやすく記述します．

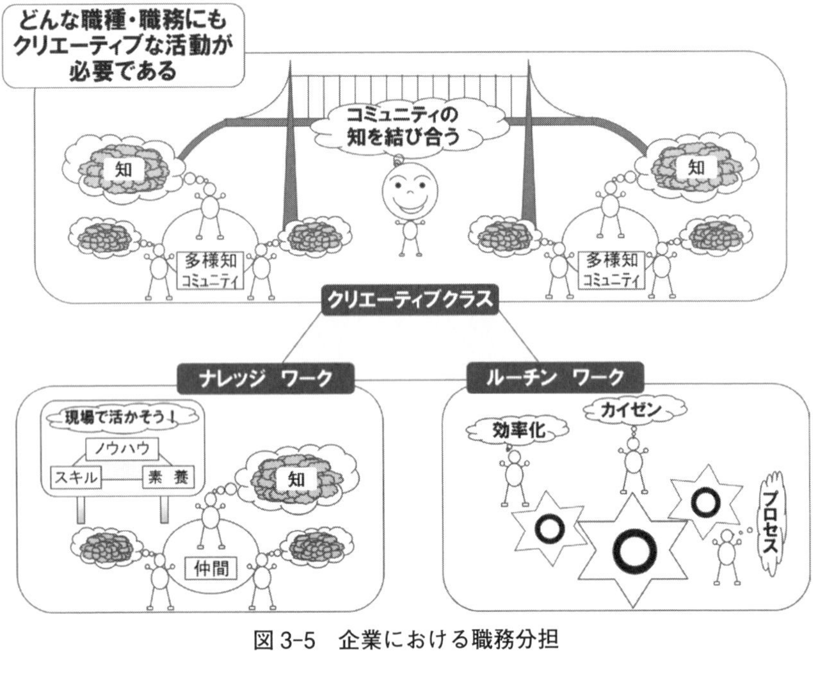

図 3-5　企業における職務分担

1つ目の「ルーティンワーク」は，バックオフィス（Back Office：管理事務系部門）の職務の占める割合が多く，主に日常の堅実な仕事ぶりが求められます．内容は，決められたことを，決められた通りに実行するので，疑問が生じづらいことは事実です．そこで，最初に感じる「素朴な疑問」を大切にすることと，「素朴な疑問」を持ったら，これまでルーティンプロセスに関わってきた先輩と，「素朴な疑問」に対して意見交換することが大切です．先輩との意見交換に割いた時間と内容は，今後入社してくる新人のだれもが持つと考えられるので，その対応などを考えれば，決して無駄な時間を過ごしたことにならないのではないでしょうか．

2つ目の「ナレッジワーク」は，ミドルオフィス（Middle Office：企業の収益やリスクを管理すると共に，内外の情報をもとに営業戦略を立案する部門）で創発活動が主となる職務の占める割合が多く，知的な付加価値を創り出したり，プロセス化した自らの活動（暗黙知：経験や勘に基づく知識）をルーティンワーク化したりすることなども職務です．わかりやすく言えば，暗黙知には「個人の技術やノウハウ」や「ものの見方や洞察」などが該当します．

3つ目の「クリエーティブクラス」は，トロント大学のリチャード・フロリダ（Richard L. Florida：1957-）教授が自著の中で，「組織に依存せず，組織の枠を超えて活動し，利益を創出できる人財である」と定義しています．つまり，「クリエーティブクラス」は，価値を創出できる組織作りに役立つ人財のことです．

ここで「ナレッジワーク」と「クリエーティブクラス」の境界をはっきりさせておきたいと思います．「ナレッジワーク」は知識労働であり，「クリエーティブクラス」は単なる知識労働ではなく，創造性を労働に活かすクラスのことです．

経営者は全社員に，「狙い通りに経営されているか」「改善・進化しているか」などの視点で，基本事項の方向と背景を説明します．それ以外に，既述の「仕組み」や「評価活動」などから「我が社にはちゃんとしたものがある」と言う経営者が多くいます．それだからと言って，「大丈夫」ではなく，想定どおりの向上による経営が求められます．また，ビジネスは，スポーツと違ってコート・フィールド・ピッチなどの境界が存在しない，「ボーダーレス」の世界です．そこでは，まず「結束」「共働」「共創」のマインドセット（Mindset：行動規範）を浸透させておくことが要求されます．また，「どんなに優れた人」でも，「どんなに経験豊かな人」でも，「人の心は揺れ動く」ので，「経営」に関する振り返りは避けられません．

つぎに，新しい概念を「創発」するには，いきなり仕組みを創り出すよりも，いま保有している「サービスに代表される無形財」を活かして分離・融合を繰り返しながら，成長させる仕組みを振り返り，全員一丸となってイノベーションさせる努力が求められます．誰しも，成熟期の後の衰退だけは避けたいと考えています．しかしながら，問題の発見活動が希薄になった後，衰退現象が出始めてから計画を練り，結束を訴えるようでは，手遅れになってしまいます．

そうならないために，見識の異なる複数の「人財」が必要なのです．「人財」には，「オフェンス型」と「ディフェンス型」の２種類のタイプがあります．「オフェンス型」は，挑戦的で，失敗を恐れず，何とか凌ぎ，「ディフェンス型」は，堅実に問題の解決を図ります．ただ，攻撃は最大の防御とは言え，攻撃だけで勝ち残るには，潤沢な兵站《へいたん》（戦争を勝利に導くための武器弾薬や兵糧の補給）と格段の実力差などが要求されます．こうした，強権的なやり方でなく，「戦略」と「戦術」をうまく結びつければ，それが進化に繋がってきます．「戦略」に繋がる経営理念・指針，およびそれを支える風土・文化などに，「戦術」に繋がる「人財」を結び付ければ，企業のイノベーションが構築されるので，それを図 3-6 に示します．

図 3-6　企業のイノベーション

3.4　企業の姿と活動

企業における部門の統括管理者が職務に直接関わると，未経験者である人材に無理や背伸びを覚悟で与える経験の機会を奪うことにもなりかねません．まずは，人材の職務遂行が危なっかしく見えても，上司は危険域ギリギリまで待てる度量が必要で，危険回避の適切な示唆はどうにもならなくなる直前に与えても遅くはありません．上司が口を挟むまでの期間が長ければ長いほど，部下は問題解決に向けて適切な知恵を絞り出すために，思考が深山幽谷を彷徨わせ続けるのです．その結果が人材の情熱と活気を生み，成長につながります．部下（人材）が成長すれば，職務遂行で新しい「アイディア」が生まれ，「工夫」や「改善」が効率化につながり，それが生産性の向上や新製品開発などに結びつくのです．その結果，増収・増益が図れます．しかしながら，現実は，業績への貢献意識が強すぎて，失敗を恐れるあまり，成長への意識が希薄になってくるのが一般的のようです．

成熟期の中でイノベーションを続けている企業は，対外的に拝金主義で，短期指向による水面下での実働や踏ん張りが続いています．「拝金主義」≒「金儲け」が価値に対する対価であるならば，成熟期の中で続けているイノベーションが正当な考え方ということになるのですが，はたして収益・利益だけの議論でなされるイノベーションを成熟期の企業の真の姿と考えてよいのでしょうか？　例えば，経営会議の中で，「なぜ，収益が目標に届かないのか」とか，「利益を上げるために，もっと働け」という強い発言が，未来を担う人材に悪影響を及ぼして，明日につながる企業の夢を潰しているように思えますが，就活中にこうしたことに気づいた場合，あなたはどう対処しますか．

企業活動で，「増収・増益」だけに議論の輪を広げてしまうと，現場の社員は，嫌気がさして職務遂行の気持ちが薄れてきます．それが，生産性向上への意識を希薄にさせるので，「アイディア」を出して新製品開発につなげたり，「工夫」や「改善」によって効率化を図ったりする中長期的なことには目が向かず，短期的に収益を上げることだけで頭の中がいっぱいになることがよくあり

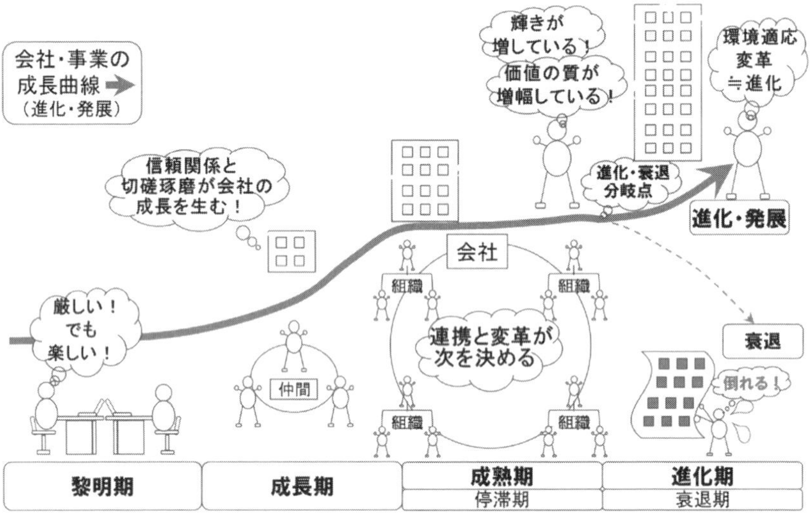

図 3-7　企業の進化から衰退まで

ます．そうした社員が主流を占めると，図 3-7 に示すように企業そのものが衰退への道をまっ逆さまに転落することになります．

衰退を防止して生き残るためには，企業が体力を消耗する前に育成した人財をフル活用して，それぞれの企業にマッチした独自のイノベーション（図 3-6 参照）を図るのが良好な結果を残す有用な手法の一つかもしれません．そうなると，人財が絞り出した「アイディア」や「知恵」を慎重に吟味して，経営会議の中で自社の新しい方向性を打ち出すしか生き残れないのですが，この対応を誤ると，破綻に向かって急坂を一直線に転げ落ちることを肝に銘ずる必要があります．

3.4.1　新入社員

新入社員（人材）は研修後に配属された部門で職務に「夢」を持ち，自分を活かし，役にたち，成長を重ねながら部門の統括管理者から役員，あわよくば社長まで上りつめたいという想いに満ちあふれています．しかし，年を重ねるにつれて，「夢」が失われていきます．例えば，ホテルの従業員などのサービス業において，コストカット，効率化・合理化，および社内ルールなどに縛られた結果，接遇や接客における肝心の心が離れて，表面的な対応に終始するようになると，新入社員のときに夢見た駆け上がるべき階段がだんだん見えてこなくなります（図 3-8 参照）.

大企業では，新入社員に対して一般研修後に，実務がこなせるように課題研修を受けさせます．中小企業は，職務遂行を優先するあまり，新入社員の研修や指導をかなり疎かにして，実務で仕事を覚えさせるようにしているようです．そのくせ中小企業は現場でも理論的な説明ができないので，先輩の仕事ぶりを盗めというような時代錯誤の方法が相変わらず採られている所が多いようです.

ある大企業の人事責任者から聞いた話を紹介します．彼が某大学教授との意見交換の中で，「なぜ，文章も書けないような学生を卒業させるのですか？」という質問したところ，「そうだよね．ノートも取れない学生が大半だし，文章は書けないし，ホワイトボード上で，「これは，記録しなさい」と言ったら，

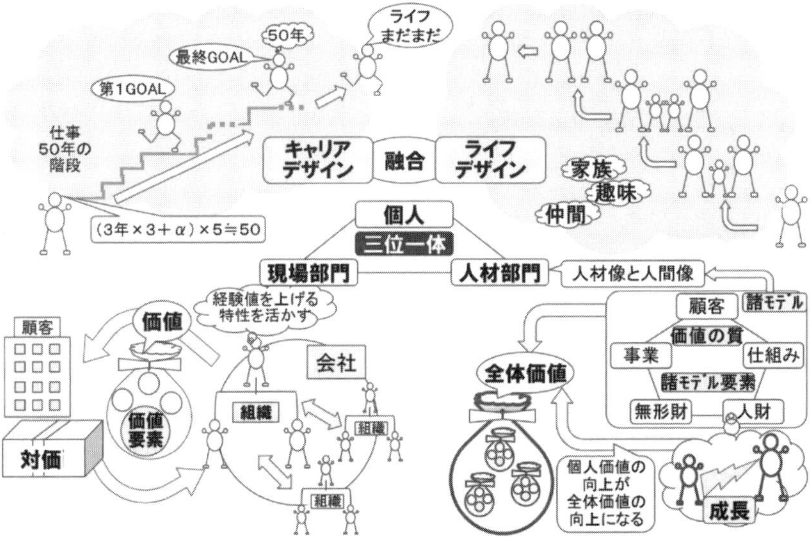

図 3-8　人材の成長

それしかノートに書かないのが実情なんですよね．ただ，それでも，卒業させないと，経営側から厳しい指摘を受けるからね」と答えたそうです．これは，特異な例だと信じたいのですが，最も成長し，社会でも活躍する基盤形成の場である大学までもが，経営，つまり，拝金主義の短絡思考に陥っており，中堅クラスの大学にもけっこう広がっているような気がします．

企業では，任された当人が自らの考えで資料を作成し，それを部門内で発表します．そして，発表を聞いた統括管理者と先輩らの意見を参照して追加補正をした後，最終資料を部門の統括管理者に提出するのが一般的です．こうした企業における既存の仕組みを，「次世代の特色や潮流に合っているか」，あるいは，「その世代を担う感覚にマッチしているか」などといった観点から，時々見直すことも重要です．

以上のことをまとめると，新入社員との世代感覚のギャップから「採用での評価基準」に見直しが必要になることがあります．その他に，企業の短期・中期・長期の目標設定を再考する機会が必要になってくることもあります．また，グローバル化や業際化（異なる事業分野にまたがること）などで境界が不明瞭化したり，独自の商品開発などが出現したりして，競争市場や消費市場などが一段と厳しさを増しています．

3.4.2　人財に成長させる仕組み

人材を人財にまで成長させるには，「人材」「所属部門の先輩」，および「部門の統括管理者」の関係が有効に機能しなければなりません．図 3-8 に示すように，人材自身の成長に対する意欲が旺盛であり，部門の統括管理者や経験・知識の豊富な先輩などが，職務に関わる知識を円滑に伝えられる環境にあることが重要です．そして，「人材部門」が，企業におけるキャリアデザイン（Career Design）の専門家として，部門の実情を知り，部門でのキャリアデザインを描き，それに基づいて「人材のキャリア・パス」を提案します．ここで，キャリア・パスとは，人材が人財にまで成長して出世していくためのプロセスのことです．つまり，一言で言えば，社員が出世するまでに辿る経験や順序を表しています．キャリア・パスを描くことで，企業側からすれば，中長期的な計画で，それぞれの社員がどのような経験を積み，どのような能力を身につけるかが明確になります．個人的には，所属部門の職務から得られる経験以外に自己啓発によるスキルが含まれます．そのスキルを得るために，大学院に社会人入学する選択肢などもあるのではないでしょうか．

3.4.3　ベテランの持ち味を活かす

企業がM&Aされる前には，事業再編や配置転換が頻繁に実施されます．中長期的には，人財の成長環境の整備に尽力することが重要であり，成長環境の整備時期を逃すと倒産に向かいます．M&Aが顕在化するのと同様に，グローバルな労働市場も流動化の道を歩み始めています．異なる風土・文化の下に，グローバル人材が持つ多様性を活かすべきなのに，大半の企業は「即戦力」という名の下に，目先の業績だけに目の色を変えるのが現状です．グローバルな労働市場の流動化に係る年齢は20～30歳代ですが，昨今は40歳代の人財にまで広がりを見せています．ここで，労働市場の鍵を握る40歳代の人財が流動化すると，業種の取捨選択や業際市場などが激化し始めることになります．

一方，流出側の企業は，「人財」の減少に伴って，固定資産が縮小し始めます．流出者は市場価値の高い人財であり，流入側も同様に考えているからこそ，即戦力として引き抜いたのです．そうなると，引き抜いた企業自ら「人財」に対して報酬だけでなく，インセンティブな仕事のあり方，仕事のアサイン（Assign：割り当て）基準などをイノベーションしていく必要に迫られます．そうしなければ，今回だけは人財の引き抜きに成功しても，近未来のうちに破滅に向かうことになりかねません．

どこの企業にも，持ち味が活かされず，見捨てられている枯れたベテランがいます．その窓際族に目を向けてみるのはどうでしょう．彼らを再起動させるには，まず，職場を移動させる．次に，過去の経験を生かした新しい活動目標を見つけさせる．そうすれば，周囲から窓際族と陰口を聞かされてきた枯れたベテランも，もう一度花を咲かせる人財に再変身するのではないでしょうか．

続いて，企業内の仕組みの再編成を考えてみましょう．一度仕組みを創ればそれでよいかと言うと，決してそうではありません．そこには，ある種のワナがあるように思えてならないのです．つまり「世の中は変化する」と言うけれども，考え方と見方を変えると，仕組みはもとより，何事も経年劣化し，そのままでは，「壊れていく」と考えるのが正しいように思えます．したがって，「今の仕組み」を経年劣化から救う道は，「消費者を含めた市場の要求を受け入れること」と「将来性を見極めたイノベーションを図ること」しか方法が見当たりません．企業内の仕組みの再編成を嫌がる背景には，「いまのままでいい」とか，「もういい」というような退廃的な雰囲気が内部に充満して，改善・改革の気持ちが薄れてきたことが原因していると思われます．それは，企業のイノベーションについていけなかった「枯れたベテラン」の気持ちと相似関係にあるのではないでしょうか．「今の仕組み」ができた頃の社会状況と歴史を熟知しているのは，「枯れたベテラン」です．それゆえ，彼らは，「今の仕組み」ができた頃の状況と現在との差違を比較して見つめ直すことで経年劣化を修復し，長期間機能できる新しい展望を持った内容にイノベーションしていく責務があると思います．だからこそなおさら，「今の仕組み」を新しい展望を持った内容にイノベーションしていくために，「枯れたベテラン」の起用をもう一度熟慮してみる必要があるのではないでしょうか．

かつて，ウイーン大学のヨーゼフ・シュンペーター（Joseph Alois Schumpeter：1883-1950）教授が「創造的破壊」，すなわち，「持続的な経済発展のために不断の新たなイノベーションが，古い非効率的な方法を駆逐して新陳代謝する」という斬新な理論を提唱しました．その「創造的破壊」の理論を，企業の中で持ち味が活かされず，定年を待っているだけの「枯れたベテラン」を用いて，ボーダーレスで複雑な時代を生きる企業のイノベーションに役立てる方法を提案したいと思います．すなわち，人材の成長環境整備の一つである企業独自に蓄積されてきた「知と技能・技術の伝承」を経験知豊富な現場の「枯れたベテラン」にお願いして，土台を固める役割を持たせるのです．

先端技術に取り残された「枯れたベテラン」を再起動させて，彼らに再活躍の場を与えて生きがいを持たせることが有益な人財活用法につながると考えます．「枯れたベテラン」の経験知豊富な現場における「知と技能・技術の伝承」を成長が見込まれる人材に比較的短期間で身につけさせることで，人財へ到達するまでの長い道程を短絡化させる一筋の光が見えてきます．また一方で，若い人材には，「彼ら」のこの「知と技能・技術の伝承」の一つひとつが人財に成長するための肥やしになると考えます．

その他に，企業が成長し続けるためには，計画の見直しや中止，撤退，および大幅な改善などを含めた図 3-9 に示すイノベーションの「トリプル・ループ学習（Triple-Loop Learning）」が有用であると考えます．その中で社員は，社会での価値観や，関係業界を意識しながら，成長に向けた日々の職務を遂行することは言うまでもないことです．ただ，漠然と日々の職務を黙々と真面目に遂行するのは無能者のすることです．自分自身がイノベーションしていくための向上心と目標がなければ成長など見込めるはずはないのです．この将来性を見込んだ向上心と目標は，社員の一人ひとりが生涯持ち続けるべきものなのです．

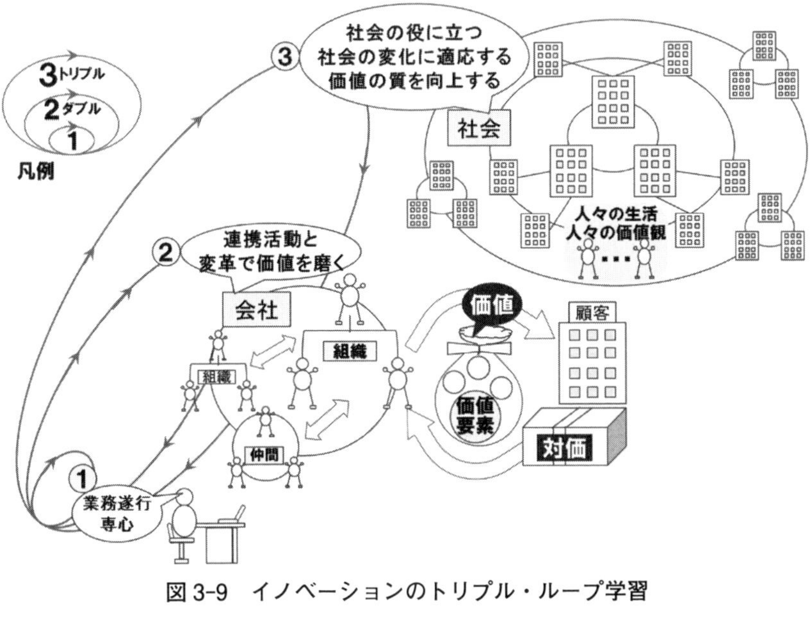

図 3-9　イノベーションのトリプル・ループ学習

ここで，企業倫理の再生課題における 3 種類の学習方法を，参考までに以下に記述します．

①シングル・ループ学習（Single-Loop Learning）：企業の支配的価値の妥当性・適切性に疑問を抱くことなく，一方向に変化する．つまり，与えられた業務遂行に専心する．

②ダブル・ループ学習（Double-Loop Learning）：個人行動と支配的価値の双方向が変化する．つまり，連携活動とイノベーションとでそれぞれの価値を磨く．

③トリプル・ループ学習（Triple-Loop Learning）：個人行動，支配的価値，企業に埋め込まれた伝統システムのすべてが変化する．つまり，社会の変化に適応するべく，価値の質を向上させる．

3.4.4　人財に対する現実

企業の人材に対する言行不一致な実情を振り返ると，「人を大切にする」と言っても，人財への成長環境すら整備されていません，その他に，育成に関わる諸制度などの説明責任も果たせていません．また，人財への成長に関わる活動に費やす時間が，業務遂行に費やす時間に比べて少なすぎます．成果の評価時期に，成長計画を振り返るゆとりが持てないのです．

また，現場での活動こそが育成の機会だとうそぶく企業があります．確かに，経験は成長の糧ですが，それ以外に現場の背景，狙い，人材の持ち味を活かすための参画なども人材育成に欠かせません．

誰でも愚痴や文句を言い，しかも陰で言う，そのような愚痴や文句が出る背景として，今への「甘え」や「迷い」が多く，「甘え」や「迷い」は，社会では禁物だと，誰しもが言います．しかし，それを，自ら戒める習慣を身につけなければ人財には成長しません．つまり，「克己（論語：己に打ち勝つこと）」が如何なる職務においても大切な要素となるのです．

もう一つ，企業の実情を見るとき，人材に対する部門の統括管理者，あるいは，その上層部である経営者との意見交換が，「人財成長環境の要素」として非常に重要になってきます．部門の統括管理者や経営者などは，力量に優れ，運やタイミングを含め，少なくとも，企業内で良い評価がなされてきました．しかし，企業経営者の職務遂行は30歳代から40歳代までの中堅の人財に支えられています．彼らと後継育成の面から，成功体験談や価値観の変化などについて意見交換する場を設けることに意義があると考えます．

3.5　人材と教育

人材育成の企業内制度や環境，あるいは仕組みなどを利用して人財にまで成長するには，強い意志と信念を持ち続けて日常の努力を怠らないことが大事です．これは，大学においても同じで，「建学の精神」を学生が具現化するためのフォローアップは教員の役目であると言えます．その意味で，大学と企業は互いに隣接する関係を保持し続けていると言えるのではないでしょうか．

また，社会人となる前の最終の教育機関である大学（大学院への進学者は除く）では，専門分野の基礎知識を十分修得するだけでなく，企業では，修得した基礎知識が更なる飛躍を遂げるためのエレメント（Element：要素）になることが要求されます．さらにもう一つ，常日頃から，社会人として常識をわきまえた行動がとれるように心掛ける必要があります．

つぎに，企業が採用試験で何を求めるかを考えてみます．採用担当者は，短い限られた時間の面接で，就活生が，まず，自社の人材であるか否かを判断し，筆記試験を含めた総合評価の会議で，将来自社の人財になる可能性ありと評価された者について，上位から順に定数を満たしていきます．新入社員である「人材」は，まず，数年刻みの短期目標を設定し，設定した目標を達成するために「意識と気概」を持ち，基本の訓練・修練・鍛錬を欠かさないようにしましょう．そうしながら，長期にわたる未来像をデザインし，「Integrity」と「Empowerment」が身につくように努力を怠らないことが肝心です．

3.5.1　人材への期待

人材から人財への成長を目指すには,「自らの人格を定め, それを創造する強い意志と信念を持つ」ことが要求されます. 職務遂行の評価が悪い時, 評価者は人格を否定的に捉えてしまうようですが, 高潔な人格者なら, 被評価者の人格を認めた上で, 職務遂行に係る説明ができる筈です. つまり, 自らの人格と職務遂行の実情を混同してはいけません. 例えば,「自分の評価が悪い. 評価者は解っていない. もう, やる気がしない」などと話しているのを耳にすることがありますが, それこそ, まさに, 自らの人格評価と職務の遂行評価を混同している証拠です.

企業を担っている部門の統括管理者は年齢を重ねるにつれて, 社内, あるいは社外を問わずネットワークが広がってきます. その結果, 多数の知見や刺激が得られる環境が自然に構築されます. こうして得られた知見や刺激を活かせば, それは良好な人脈の資産となります.

社会貢献を「社会の実情を知り, そこに価値を提供し続けること」と定義するならば, 企業を担う経営者や経営者を目指している人材は, 社会から学んだり, 社会の変化に応じて自らを成長させたりする姿勢が重要です. つまり, 社会との関係こそが「決断の原点」であり, その関係のあり方の重要性が問われているのではないでしょうか. また, 企業内の様々な仕組み, 企業のイノベーション, および企業価値などを支える人財は, 客観的な評価が求められます. それは,「人材」も「法人」も同様ではないでしょうか.「人材」や「法人」を問わず,「人」の進化・成長・発展のプロセスを具現化する. そして, 時々具現化した結果を振り返ることが「人材」を成長させる原点になると思います.

3.5.2　国民性と思考形態

我が国の企業で仕事をしていくには,「阿吽《あうん》の呼吸（ぴったり呼吸が合っていること)」や「空気を読む」などの忖度（相手の心を推しはかること）が重要視されます．日本人は，相手のことを慮ってはっきり表現せずに，相手方にメンタルで理解を求めることを基本とした独特の文化の中で育っているために，論理的に説明する表現力が乏しく，何事も曖昧で究極の理解を求めずに「まあ，まあ，まあ」で納めることを美徳としています．

日常会話の中で，日本人同士でもとんでもない誤解が生じるのは，この独特の曖昧性が影響しています．外国人からすれば「言わずもがな」の世界で，本当に理解するのが難しい国民ではないでしょうか．日本人は何事にも曖昧で，意思をはっきりしない風土・文化の中で育って，その中の一部がリーダーシップをとって社会を動かしているので，社会全体が「その時の空気に左右」されやすい独特の雰囲気を醸し出しています．

つぎに，企業は集団活動なので，論議を尽くして決定に従います．目標に向かって「結束」し，「共働」することで得られた知識が，「人材」の成長の糧に結びついています．決定に至る論議のプロセスでは，全員が前向きに，全力で取り組むことを確認しあい，全員が結束した実働の繰り返しが，「Integrity」に繋がります．「人材」の成長には，黎明期における「訓練」「修練」「鍛錬」が有用です．例えば，「訓練」は現場の社員に技能や習慣を身につけさせます．「修練」は心身の研鑽をさせ，「鍛錬」は心身の研鑽に加え，技量や力量を磨いて成長させます．また，個々の習慣や思考軸，およびそれに基づくプロセスなどは，進行途中で時々振り返ってみる柔軟さが求められるのではないでしょうか．

3.5.3　産学連携への期待

経営危機に陥った企業は，「楕円思考（図 3-3 参照）」における「ポジショニング思考」と「リソースベースト思考」のバランスが崩れて，「ポジショニング思考」への価値評価が偏重している場合が比較的多いのではないでしょうか．つまり，価値を顧みない対価の追求が，社会的リスペクトからしだいに遠のいていくことが原因していると考えられます．一言で言えば，過去に採算が合った仕事の付加価値がなくなる前に改善して付加価値をつける努力をしたり，あるいは，新しい付加価値のある仕事を創造したりすることもなく，漠然と続けてきた結果が赤字続きとなって経営危機に陥っただけなのです．

そのような企業の再生はいたって簡単です．創造性があって社会的有用性のある成果を出し，その成果に付加価値があればよいだけのことです．しかし，だめになっていく企業は，それがうまくいきません．創造性があって社会的有用性のある成果を出すには，グローバルな人材雇用によるボーダーレス環境で，情報の共有と社員同士の相互理解が必要です．そうすれば，企業の明日に燦燦とした陽射しが降り注ぐことになります．

今風の言葉で言えば，経営危機に陥った企業が再生するには，「論理的に説明する表現力が乏しく，何事も曖昧で究極の理解を求めないマイナス・イメージの日本人独特の思考形態」と「抽象的説明から具体的説明に繋がるプラス・イメージの欧米の論理的思考形態」を「楕円思考（図 3–3 参照）」でイノベーションしていくような経営戦略が役立つように思われます．また，その企業のイノベーションにおける実働には，「PDCA サイクル」を適用すべきであると考えます．

図 3–10 に示す「PDCA サイクル」は，「P（Plan：計画）」「D（Do：実行）」「C（Check：評価）」，および「A（Act：改善）」を繰り返すことにより，思考と実働の融合を図って向上していくものです．そのサイクルを，多くの企業・社員が活用することによって，それぞれが右肩上がりの「プラス」に作用していくのです．「P（Plan：計画）」が立てられて，それを「D（Do：実行）」するまでは順調に進みますが，次の「C（Check：評価）」が疎かになる場合が比較的多く見られます．実行計画を決めながら，評価項目が曖昧になってくる原因は，日本人の「国民性と思考形態」が「マイナス」に作用していることが原因と考えられます．

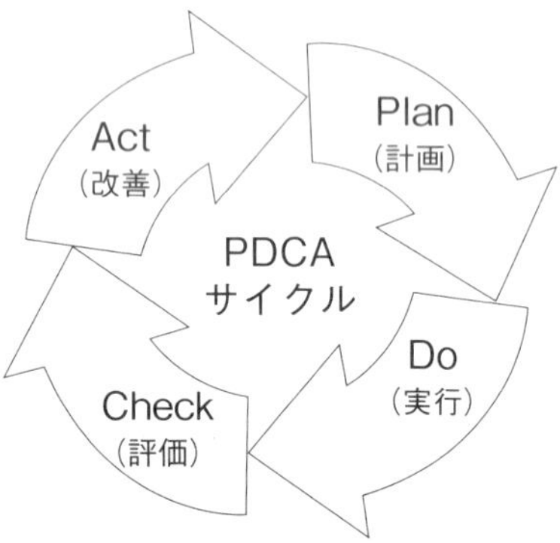

図 3–10　PDCA サイクル

「PDCA サイクル」における，それぞ

れの機能の細目を以下に記述します.

①Plan（計画）：企業の優先度や重要度を考慮した上で，短期，中期，長期に分類した実行計画を決定します．そのために，後述の「5W1H」と「2N」が駆使されるのです.

②Do（実行）：計画が決定されたら，とにかく実行する．実行中での区切りごとのきめ細かなリフレクション（Reflection：振り返り）の導入が，計画を正しく実行する上で重要になってきます．評価の前に，区切りごとのきめ細かなリフレクションと記録がなければ，「C（Check：評価）」の内容が曖昧になってきます.

③Check（評価）：評価事項は，計画時に決めておくのが通例ですが，実行中に想定外の評価事項が出てくることがよくあります．実行過程で，区切りごとにリフレクションによる確認事項の再精査を実施することで，客観的な評価と流れの変化が同時に整理できるのではないでしょうか.

④Act（改善）：「PDCAサイクル」において，「Plan（計画）」と「Do（実行）」，および「Check（評価）」と「Act（改善）」は，それぞれペアで存在すると考えられます．そして，客観的な評価結果は「Act」で再試行します．この「PDCAサイクル」を高校の授業や大学の講義に当てはめると，「Plan（計画）」は授業や講義の予習であり，「Do（実行）」は授業や講義そのものであり，「Check（評価）」は復習である．そして，「Act（改善）」は授業や講義の内容や受講者によっても，予習の方法が変わるのではないでしょうか.

以上の4活動サイクルのすべてを得意にするのは容易ではありません．活動サイクルを効率よくこなし，適当にアウトプットするには，誰が，それぞれに最適かを考える必要があります．素養のある者と一緒に活動するのが理解の近道で，全体の効率が上がります．つまり，一緒に活動する中からスキルやノウハウを学びあうことで，互いの素養を高めていくことが望ましいと言えます.

もう一つ，大学生の内に慣習化させておきたいのが，「5W1H」と「2N」です．「5W1H」は，「いつ（When）」「どこで（Where）」「だれが（Who）」「なにを（What）」「なぜ（Why）」「どのように（How）」に沿って情報伝達のポイントを整理し，情報の内容を分かりやすく，もれなく相手に伝達する方法です．

それに加えて，「2N」は「いま（Now）」と「つぎ（Next）」を表現するもので，「いま（Now）」を知り，それに基づいて「つぎ」すなわち「未来」の形態を創り出すものです．企業は，それを中長期事業計画やイノベーションなどに結びつけているのです．長期の未来は見通せないが，成熟期で追随モデルがない中，次代や次々代の人財が成長するために，「いま（Now）」を創り出している特性とその要素とを共有し，それらを成長させながら「つぎ（Next）」を描いていく——それが描けないような企業は，成長を促す「ビジネスモデル（Business Model：事業で収益を上げるための仕組み）」を創り出すことはできないと言えます．

3.6 企業から見た大学

高校生の間は大学受験ための勉強をしっかりして基本力を養って，まずは目標とする大学に合格していただきたいと思います．大学生になったら，将来のキャリア形成に必要と思われる自分の思考形態を確立してください．就職後のキャリア形成の際に，ぜひとも必要と思われる3項目を以下に記述します．

①社会の実情と当該学部・学科の関係から就職活動分野を検討する．

②履修科目（教養科目，専門科目）の理解はもちろんであるが，特に専門科目については簡単に内容説明ができるように準備しておく．

③キャリアデザインの授業では，専門科目の理解度確認のために，「問題点」を簡単なレポートにまとめて提出させる．たまに「問題点」について，ディベート（Debate：賛否2組に分かれて行う議論を戦わせること）をさせることで，日本人が最も不得手とする討論力を鍛えて就職活動に備える．

新入社員である人材が学修成果をキャリア形成に生かせるようになるまでには，3年間ぐらいはかかると考えます．さらに，人材がキャリアを積んで人財にまで到達するには，自己の弱さを排除して「克己」する厳しい毎日が待っているだけでなく，長期間の社内フォローアップと自己研鑽が要求されます．

3.6.1　就職活動と求人

就職活動を始めてから，内定を得るまでの一般的なプロセスを記述します．就職活動によって採用試験を受ける企業が決まったら，まず，Webサイト（Website：公開しているテーマごとのWebページ群）からエントリーします．採用担当部門は，提出されたエントリシートを確認した後，簡単な審査をします．そして，審査を通過した学生は，Webサイト，あるいは指定場所のどちらかで適性検査を受けます．適性検査の合格者には，筆記試験と面接に向けて企業指定の応募書類（履歴書，成績証明書，卒業見込み証明書，推薦書，健康診断書）を提出させます．

筆記試験後に，1次で採用担当部門，2次で希望する職種の統括管理者，3次で役員などの面接を順次受けて，すべてパスした者に内定通知と誓約書が送られてきます．その企業に入社するつもりであれば，指定された期日までに誓約書に本人と保証人の署名捺印をして返送します．もし，1次面接や2次面接で不合格になれば，次に進むことはなく，その企業に対する求職活動はそこで終了します．また，大企業などでは，5次，6次まで面接する場合があります．その他に，適性検査の結果集計・分析などを外部の専門会社に委託する企業もあり，毎年のことですが，企業の採用活動は労力と費用をかけたビッグイベントであることには違いありません．しかしながら，企業の未来を託す新入社員を選抜する活動であることからすると，このような短時間で選抜してもよいのかなど企業側の抱える課題も多いように見受けられます．「学生の適性や人間性を正確にみたい」という願望から，近年は，ほとんどの企業がインターンシップ（就活生に企業説明と就業体験をさせる制度）を導入するようになってきました．

こうした改善だけで，本質は変わるのでしょうか．それが疑問です．たとえば，「書類審査や適性検査での合格基準」や「面接での合否基準」などは，このままでよいのか？　相も変わらず，面接試験で，企業側と応募者側が本音ではなく，日本人独特の忖度と虚像の建前論議に終始しているのではないでしょうか．適性検査の結果を見ると，「突出分野は持っているが，全体の平均点が低い」とか，「面談での質疑応答の姿勢や内容のレベルが気に入らない」などを不採用の理由にするのは，企業側の採用に対する改善が遅れて「金太郎飴」の「アベレージとハウ・ツウ」に拍車をかけているだけのようにも思えます．

ビジネスの境界が消滅しつつある中で，多様な「ウォンツ」や「ニーズ」に応え，市場の消費者や他企業と良い連携関係を創りだすために何が必要か問われていることを，どの企業も自覚しなければなりません．たとえ成熟期にある企業でも成長し続ける人材の採用で，面接者の「好み」に偏ってしまうようなことがあってはなりません．「人を観る原点」に返って，提出された書類や面接で得られた少ない情報であっても，その和集合から求職者の「現在の実力」と「今後の伸びしろ」，あるいは「人間性」なども評価に加えられるように，企業の採用チームの複数の担当者が様々な角度から応募者を観てもらいたいものです．そしてまた，複数の面接担当者は，企業の将来性を考えたとき，面接がいかに重要であるかを自覚し，主観的なミスマッチを避けるように努めなければなりません．面接は企業側と応募者側が対等の立場にあることを互いに自覚し，応募者側の就活生が自らの意志を企業側の面接者に伝達する提案型を模索してみるのはいかがでしょうか．

つぎに，求人側の企業が共通して抱えている問題点として，面接者の素養の欠落が挙げられます，今後，面接者が備えておかなければならない３項目を以下に列記します．

①自社の「人財像」を熟知しているか，あるいは「人財像」の背景にある「ビジネスモデル」や「ソリューション・商品モデル」との関連性が理解できているか．

②過去の延長線上では，国家・社会が成熟している「いま」の経営環境を乗り切れないことが理解できているか．

③次世代を支える就活生に対して，企業内で共有している 10 ～ 20 年後の社会における自社の価値観が語れるか.

また就活生について言えば，インターンシップや企業説明会に参加して応募する企業を数社ピックアップし，最終的に応募する順番まで決めて，ミスなく対応するのが一般的な就職活動のセオリーだと考えます．そのことを熟知した上で，応募する側の就活生は，どのようにすれば自分が思い描く人材を求める企業に巡り合えるかを真剣に考えてもらいたいと思います．マルチライフ，マルチジョブの時代であっても，自分の持ち味を活かし，夢に向かって自身が成長できる企業は，さほど多くはないと思います．「企業の風土・文化や特性が，自分自身にフィットするか」「企業の基本的な考え方が自分自身の価値観とマッチするか」などの検討結果が，就活生の「ライフデザイン」や「キャリアデザイン」の面から重要な要素となってくるのではないでしょうか．つまり，図 3-11 は，新入社員が人材から人財にまで成長していくための「ライフデザイン」や「キャリアデザイン」における「わが道探しの起点」を示しています．よく考えてから第一歩を踏み出すようにしましょう．

2010 年代半ばから就労人口が急激に減少し始めたことで，学生の就職は

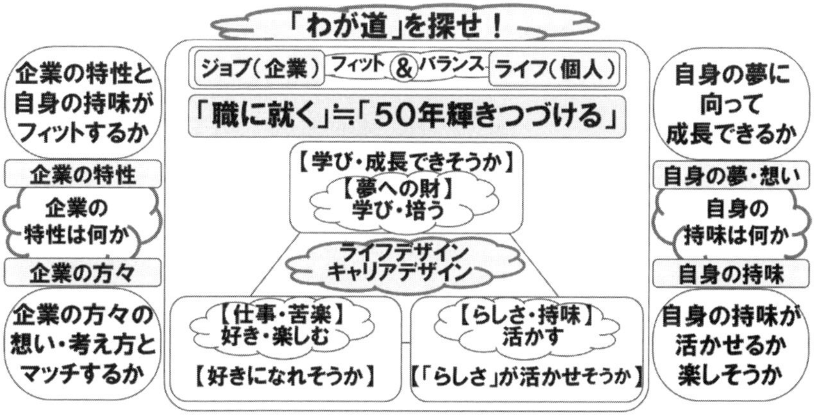

図 3-11　企業における「わが道」探し

「買い手市場」から「売り手市場」に様変わりしてきました．これまでも，景気の変動で就職状況が何年かごとに変化して，その度に企業側と応募者側の立場が逆転してきました．このように人口減少や景気の変動に身をまかせるのではなく，常に両者が対等で堂々と議論できるようにするべきだと思います．つまり，応募者側の就活生が「将来の夢や情熱」を語り，企業側の面接担当者がそれを聞いてから，企業モデルにかかわる質問などをするのも新しい面接の姿としてよいのではないでしょうか．また，企業のホームページの内容があまりにも綺麗に飾ってあるわりに内容が乏しい場合には，就活生が，面接の場で企業の担当者に納得いく説明を求める必要があることは言うまでもありません．しかし，ディベートの経験が乏しく，議論したり分かりやすく説明したりすることが苦手な民族なので，面接の場で企業の担当者に的を射た質問などをすると，100％採用内定は得られません．今後は，その面接スタイルに変えていかなければならないのですが，こうした簡単なことが一番難しいと思います．

これまで就職活動の解禁日を決めていた経団連（日本経済団体連合会）が，「採用選考に関する指針」を2020年度から廃止すると発表しました．廃止する理由として，「会社説明会が3月，採用面接の解禁が6月」と決めて継続してきた就活指針がすでに形骸化していることを挙げ，「ルールを作って就職活動の日程を企業に徹底させることは経団連の役割ではないとし，企業が守らないからといって法的な強制力も持っていない」と記者会見で述べました．企業側の代表による一方的な発表に，大学側は相変わらず不満や屁理屈を並べ立てる決まりきった建前のパフォーマンスで一件落着する様子が何となく目の前に浮かんできます．こうした出来レースに，毎回振り回されて被害に遭うのは就活生だけなのです．

いくら就職活動の時期が形骸化したとはいえ，先進国の中で企業群のヘッドを自認する経団連が就活ルールの形骸化に対応できずに安易に「採用選考に関する指針」を廃止する，大学は質の低下した教員を安く使って学生に対する費用対効果を上げる．このようにお互いの身勝手がまかり通れば被害を受けるのは学生だけで，まじめに努力しても明日が見えてこなければ日常の学修にも身が入らなくなります．今後，就職活動の日程などについては政府主導で進めていくようですが，これまでの政府の姿勢からすれば抜本的な改革は期待できないのではないでしょうか．

難関大学の就活生がこうした被害にも遭わずに整然と就職していき，残りの大半の大学の就活生も整然と就職できるレベルまでアップしようにも，教員と学生の質の両方のレベルアップが追いつきません．大学も授業料を取るだけでなく，少しは自学の学生の質の向上に貢献すべきだと思いますが，本質的な改革には「大多数を占めている研究業績の乏しい教員の解雇という大出血」を伴うので，彼らの反発の大きさを考えると法人もうかつに手が付けられません．しかし，その問題に手を付けて，イノベーションを図らなければ，我が国は，やがて先進国から発展途上国のレベルへ滑り落ちるしかなく，いったん落ちてしまうと回復は不可能に近いと思われます．なぜなら，大学教育は人材育成の根幹にかかわるので，それができないとなると，国家は落ちるとこまで落ちるしかないのです．

大学のイノベーションがうまくいって，質の向上が図れた素質の多様な就活生を企業が採用できれば，その就活生は将来人財にまで成長し，企業におけるイノベーションの中心人物になれるはずです．こうして「イエスマン」や「金太郎飴」を育成する企業風土や文化が根強く残っている我が国の体質を打ち壊してしまわなければ，企業の本質的な再生はないと言い切れるのではないでしょうか．それは企業だけの問題ではありません．大学の体質も海外の先進国に劣らないようにイノベーションしなければなりません．

こうしたことを解決するためには，政府の中の内閣府，経済産業省，文部科学省，厚生労働省などが，過去の独自の体質が引き起こす問題や省庁間連携で嚙み合わないまま過ごしてきた諸問題などをいったん棚上げして真剣に対応しなければ，我が国の本質的なイノベーションの兆しは見えてこないのではないでしょうか．ここは，企業と大学を対象としたので４府省だけを挙げましたが，他の省庁も地方公共団体も同様の状況にあることは言うまでもありません．

3.6.2 企業での職務と適正

我が国の企業で働く社員は，大きくローレベル型（Low Level Type），アベレージ型（Average Type），およびハイレベル型（High Level Type）の3種類に分類されます．気候・風土，文化，歴史，あるいは教育形態などから判断して，ハイレベル型の突出した思考や実働ができる人財の出現はきわめて稀で，3種類の中でアベレージ型が一番幅広く分布しています．初等教育から高等教育まで同じように還元主義的パターン教育で過ごしてきたのに，入社した企業内で「ある人は，どんな領域でもそつなく要領よくこなしていると評価される」のに対して，「もう一方は，なにをやらせてもダメだと評価される」のは，なぜでしょうか？

それは，上司の主観，すなわち，好みによるものであって，実力差ではないと言えます．つまり，突出した実力が評価されたのではなく，単に上司の好みに合った人が評価されたに過ぎません．我が国のようにアベレージ型が蔓延する社会では，個人の特性が見えづらく，活かされない場合がほとんどです．「良い会社」に見えても，社員一人ひとりの持ち味が活かせないダメ会社が多く，それらは何れも欧米の企業と太刀打ちできるようなレベルではありません．可もなく，不可もないアベレージ型企業に対して，突出者が共に働きながら職務を遂行していけるハイレベル型企業は，人財が持ち味にあった領域を選択できるので，「良い会社」から「強い会社」に上り詰められます．今後は，そのような企業に女神が微笑むのではないでしょうか．残念ながら我が国には，そういう会社があまり見当たらないのが現状です．

一方，選択肢がほとんど与えられなかったローレベル型の社員でも，過去の経験が活かせる領域は必ずあると思います．たとえば，上司に認められなくても長年コツコツと蓄えてきた知識と積み重ねてきた経験を生かして，経験の浅い若手社員を対象としたフォローアップのための実働カウンセラーとして貢献するのはいかがでしょうか．意外に隠れた実力を発揮できる場になるかもしれません．

経営者は3つの型の集団を，満遍なくそれぞれの突出した得意領域が生かせるように使いこなせなければ，高度技術社会のリーダーとしては失格です．失格者の烙印を押されないためにも，卓越した歴史上の経営者の経営手腕や生きざまを学び取って，それを役立てていただきたいものです．その他に，部下が自然についてくるようなスケールの大きさと次世代の市場を読み取る知力が必要であることは言うまでもありません．

上記は経営者の理想像を記述したに過ぎません．我が国の大企業の経営者のほとんどがサラリーマン社長なので，言葉は悪いかもしれませんが，出世のために周囲のライバルを一人ずつ蹴落していくバトルを勝ち抜いて，最後に現在の地位をつかみ取った，つまり，「一将功成りて万骨枯る（曹松《そうしょう》：己亥歳《きがいのとし》）」という中国の詩の通りなのです．そして，どの企業の社長もトップに上り詰めて周囲を見渡してみると，苦言を呈してくれる同僚は出世レースの間にすべて去ってしまって，周囲に誰も残っていません．出世のバトルに明け暮れ，ライバルと切磋琢磨している間は常に神経が張り詰めて，緊張感を伴う有能者であっても，いったん経営トップに上り詰めると，有意な意見や苦言を呈してくれる有能な人財が「万骨枯る」の状況になっているのです．その結果，周囲の環境の変化や激動の市場の動向の把握が乏しくなるだけでなく，周囲の動向すらよく見えなくなって経営が行き詰まる企業を日にすることがよくあります．

そうならないために，「長期的に企業価値を向上させていく」ための経営会議のメンバーに，アメリカのように外から新しい人財を入れてはいかがでしょうか．そこでは，経営の仕組みであるコーポレート・ガバナンス（Corporate Governance：企業統治）を確立し，世界経済がどのように変わろうとも長期的展望に立った議論を進めていく環境設定が求められるのです．

3.6.3　企業の役割と機能

現実の企業の役割と機能を分かりやすく説明します．我が国の企業のビジネスパーソンの実情はどうなのでしょうか．大多数の経営者達は，製品開発競争や規模競争などでポジショニング（Positioning：立ち位置を明確にして，差別化を図る）闘争に明け暮れている感が拭えません．また，「脈絡もないことを長々としゃべり続ける」「部下の意見を必ず否定する」「提案に対して，必ず何か一言つけ加える」などの上司の存在が，部下の「やる気」を一瞬にして消失させるのをよく目にします．このままでは，企業の活力など出る訳がないし，社員のモチベーションが上がるはずもありません．

たとえば，根拠なしに「我が社だけは大丈夫だ」と安心している経営者が，企業を「負のスパイラル」に陥れるのです．ここで，「負のスパイラル」に見られる一般的な現象を以下に記述します．

①何をやってもうまくいかない．

②どう対処してよいのかわからない．

③やることなすことが空転する．

経営者が企業を「負のスパイラル」に陥れるまでの８項目の悪例を記述します．

①素朴な疑問を部下が上司にぶつける環境が作れない．

②意に沿わない意見を否定する先輩・上司が多い．

③本論をそっちのけにして，枝葉の議論に終始する．

④企業内の仕組みが経年劣化しているのに，それを変化と錯覚している．

⑤「人材育成」と言いながら，業務遂行の視点からしか社員を見ていない．

⑥「客が大切」とか，「客の視点で」と言いながら，客筋を掴むことに時間と労力を掛けていない．

⑦「収益・利益は，目的ではない」と言いながら，収益・利益を上げることに血道を上げている．

⑧経営者として「企業理念」や「経営理念」を意識して手本を示し，さらに分かりやすく説明する努力が欠けている．

企業がいったん「負のスパイラル」に陥ると止めようがなく，破産して出直すしか方法がありません．しかし，そうなると社員や家族，および，その企業と関係するほかの多数の企業などへの影響があまりにも大きいので，各企業の社会に対する経営責任の大きさへの警鐘と捉えていただきたいと思います.

3.6.4　採用に関する企業の対応策

企業の価値はどのような要素から成り立っているのでしょうか. 単純なピンポイントの「点（要素)」でなく,「点」を直線状に並べた一次元の「線」や一次元の「線」を2本組み合わせて構成される二次元の「面」, さらに,「面」に企業の風土・文化, 人の行動指針などの要素を付加した三次元の「立体思考」などが根源になって成り立っていると考えられます. それは成熟期にある我が国のビジネスのために重要なポイントであり, ボーダーレスが加速する競争・消費市場を考察するためのベースになってきます. こうしたボーダーレスで厳しい競争・消費市場での生き残りをかけた企業が就活生を採用する際の診断基準として, 新規に下記の2項目を提案します.

①就活生が大学で学修してきた知識を社会や企業の仕組みなどに活用できる能力を診断する.

②就活生が消費者や利用者として企業を見て, その価値を評価する能力を診断する.

一方で, 新卒者が激減し,「売り手市場」が常態化しつつあるように思えます. 離職・転職などによる人材・人財の流動化が拡大する中で, 人材・人財の「囲い込み」と「有能な人財ハンティング」が, それぞれの企業の真価を魅せる活動の一環になりつつあるのではないでしょうか. 価値を着飾ると, 流動化の餌食になるだろうし, 価値でみせないと, 人材が集まってきません. そのため就活生に対して, 自社への内定辞退を防止するために, 例えばハワイ旅行や沖縄旅行などをプレゼントして拘束するといったこともよくあります. また,「有能な人財ハンティング」は企業の命運がかかってくるので, 人財に提示する企業からの年俸や職務内容などの条件設定がハンティングの重要なポイントになってきます. これまでの小手先のテクニックやごまかしが徐々にきかなくなった結果, 華やかであった業績が急に陳腐化して, 暗黒の底なし沼へとまっ逆さまに落ちていく企業がよく見られるようになってきました．そうなる前の体力が残存している間に，真価をみせられる人材を育成するための方法として下記の 2 項目をさらに提案します．

③社員教育の「場」を創り，経験を積ませることにより，自らの理論と実働を成長させる仕組み創りをさせる．そのために，人材が成長過程で問題解決に苦しんでいる時に，ギリギリまで待てる姿勢と，解決できなかった場合に絶妙のタイミングで有益な助言を与えられる部門の先輩や統括管理者を周囲に配置する．こうした指導体制の下で，教育の場における節目での自らの理論と実働の成長の評価をさせる．また，「人材」の持ち味を活かしたキャリア・パスを創って，キャリア・パスに基づく実働とリフレクションを繰り返すことで「人財」にまで成長させるプロセスを確立する．

④現在のインターンシップを改善して，ニューバージョンの「オンライン講座」を設け，就活生がわざわざ企業に出向かなくても，インターネット上で，その企業の職務内容を知って，企業間の比較検討ができるような仕組み創りをする．就職して人材から人財へ成長するためのスタートラインに立った時は，ニューバージョンの「オンライン講座」を自らの成長に利活用する．つまり，企業も少子化における未来の労働市場を見据えて，「人材ネットワーク」構想が展開できるように，現在の企業体制を未来に合わせて衣替えしていく．

以上の新しい 4 項目にわたる提案を有効活用して，「将来性のある新入社員を人材から人財にまで成長させて，将来の幹部に登用する」「グローバルに中途採用でハンティングした人財を必要部門が適材適所で活躍させる」の両方を実行し，両方が成功することで我が国の企業の明るい将来が見えてきます．しかし，失敗すれば資源もなく人材を育てるしか生き残りの道が残されていない我が国は，一気に後進国まで落ちこぼれるしかありません．企業の将来性への期待は，人材が人財にまで成長することにかかっています．つまり，人財に対する企業側の要求事項と今後のイノベーションとの間のマッチング（Matching）が企業の発展のポイントになってきます．

また，企業の質を向上させるために，人材が人財に成長するまで待てない部門では，流動化する国際労働市場から中途採用で実践人財をハンティングし，適材適所に配属して活躍させるようにするとよいでしょう．しかし，それをやり抜くには，宗教や文化，あるいは生活感だけでなく，そこからくる「ものの見方」や「考え方」が異なる異民族同士が同じ空間で働くわけですから，話し合いによる意思統一がなされなければ空中分解します．それを乗り越えれば，最良の労働環境が維持されるのではないでしょうか．また，今後はそうあらねばならないと思います．こうした環境の中で，国際的にハンティングした人財は，当然，部下に対しても良い手本になることは言うまでもありません．

このように，新しい４項目の提案を受け入れることで，採用の好循環が期待できるならば，現在の採用基準をこの提案に変更して人材を採用するようにすべきでしょう．そうすれば採用した人材を人財にまで成長させることで，増収・増益などを含めた企業経営の向上に繋がってきます．さらに，国際市場での更なる企業の発展も望めるようになってくるのではないでしょうか．

第Ⅳ章
産学間のミスマッチと解消方法

4.1　産学間のミスマッチ

2018年から18歳人口の激減に伴う大学進学者の減少により，BF大学群が徐々に倒産に向かって坂道を転げ落ちていく様子が現実味を帯びてきました．それに呼応して，就活生も減少の一途をたどっています．就活生が減少するということは，労働人口が減少することなので，それが生産の減少に繋がって，企業の経営基盤を揺るがすことになります．こうしたボーダーレスで低成長な厳しい現実の中で，「イノベーションを余儀なくされる企業（第Ⅲ章参照）」と，「最高学府にふさわしい質の高い教員を採用して生き残りを図るか，あるいは，財力不足のために座して死を待つかの二者択一を迫られる大学（学部・学科）」とが存在しています．そのことについては，受験生に第Ⅰ章と第Ⅱ章で分かりやすく解説しました．

情報技術に先導される科学技術のすさまじい発展と時代の急激な変化とに合わせてイノベーションし続けてきた欧米の理工系大学を参照して，無から有を生み出すために知恵を絞って，新しいアイディアが出せる人材を育成する創造系大学，新しいアイディアを形状化するために企画立案する人材を育成する企画立案系大学，および企画立案した計画書に基づいて新製品を設計製造できるCAD/CAMシステムが使いこなせる現場の技術者を育成する生産技術系大学における「イノベーションモデル」の一例を提案しました．CAD/CAMシステムとは，CADとCAMを組み合わせることで，設計から製造まで一連の自動化が図れる新しい設計製造システムのことです．もちろん学生はこうした先端機械が使いこなせるだけでなく，その前に旋盤などを用いて，基本的な加工ができることは言うまでもないことです．

2018年以降，受験生の急激な減少で大学に冬の時代が到来するということは，企業も同様に，新入社員の減少から「将来の幹部社員を目指す人材」+「製造現場の生産技術者」などで，人材不足の時代を迎えることになります．これまで企業が，「大学で学修したことは役立たない．だから，卒業生（人材）を送ってもらうだけでいい．人財にまでは自社で育成する」と公言するのをよく耳にしてきました．そして，大企業は，人財を目指す10％と，その人たちから指示された通りに仕事をするソルジャーと呼ばれる90％の現場の社員（働きバチ）との2種類に分けて，当然のごとく採用を続けてきました．それは，企業が将来の人財となる大学とソルジャーで働きバチとなる大学とに分別して採用してきたわけですから，就活生は採用後，人財育成コースかソルジャーコースかで，与えられる仕事内容が異なり，定年に近づくほど天と地ほど差が明確になってきます．就職後気づいて意欲をなくす前に，企業研究を十分にし，自分の努力が認められる企業であるか否かをよく検討してから入社試験を受けるべきだと思います．就職活動は，その見極めのために重要ではないでしょうか．どこかにあなたを必要としてくれる企業があるはずです．あきらめることなく，自分に期待をかけてくれる企業を見つけましょう．

今まで態度が横柄で慇懃無礼だった大企業も，バブルがはじけてから，過去の採用体制を維持しながら勤勉に働かせるだけではボーダーレスの市場経済に対応できなくなって，倒産の危機が囁かれる企業もぼつぼつ出始めています．その結果，企業は「大学で学修したことは役立たない」というような不遜な発言は控えるようになってきました．つまり，利益が上がっていた時代には好き勝手なことを言っていたのに，現在のように低成長時代を迎え，マイナス成長に向かう企業が徐々に増加し始めると，口にマスクをして静かに沈黙を守るようになりました．世界経済の流れに身を任せる企業はまだしも，大学までもが企業に右へ倣えで定員割れ対策に追われ始めています．大学として本来持つべきポリシー（Policy：方針）や自覚はどこにいったのでしょうか．年々国際競争力が低下している昨今，発展途上国レベルに転落する前に，一日も早い大学のイノベーションによる活性化が待たれるところです．それは，企業も，また同様だと思います．

企業がマイナス成長に向かうということは，将来を見据えた市場経済に対応できる有能な人財育成と本来なされるはずの経営におけるコーポレート・ガバナンスが徐々に機能しなくなってきていることにほかなりません．ここでいうコーポレート・ガバナンスとは，「企業の不正行為を防ぐための仕組み」や「企業が効率的な業務を行って向上していくための仕組み」を表します．コーポレート・ガバナンスが正常に機能することで，次のようなことが改善されます．

①経営者の独走・暴走を株主がチェックし，阻止することができる．

②組織ぐるみの違法行為をチェックし，阻止することができる．

③企業理念を実現するために，全役員・社員の業務活動を方向づけることができる．

①～③が機能することによって，企業の不正行為に対する透明性が増大し，高効率な業務活動が可能になってきます．

上記のことを踏まえて，第Ⅲ章では，企業が現在抱えている問題を詳細に検討し，検討結果を評価した上で，その解決方法と今後歩むべきプロセスを提案しました．就活生は第Ⅲ章を熟読して，「選択した企業と就職したい分野が合致していた」と言えますか？　合致していなければ，最初の企業選択からやり直しです．合致していれば，その企業にエントリーしてみる価値はあると思います．

企業は産業の根幹である基本特許を欧米に依存して，それを形状化するための周辺特許だけに力点を置いて，使い勝手が良く，壊れにくい製品を国際市場に送り出すことで，世界中の消費者から称賛を浴びてきました．それに慢心して，金儲けだけで，基本特許を借用した空洞化技術のまま「虚像の最先端科学技術立国」までのし上がってきたのです．大学にしても，企業にしても，その思い上がりが，数多くのミスを犯してきたにもかかわらず，それに気づかなかったか，あるいは気づいたとしても気にもかけずに過ごしてきました．こうした結果が，今日の冬の時代を迎えることになったのではないでしょうか？　過去の状況について，「4.1　大学と産業界とのミスマッチ」で取り上げて分析し，分析結果を評価することで，「4.2　ミスマッチの解消方法」につなげていきたいと考えています．

いかに大学の「新しいイノベーションモデル」について提案しても，ボーダーレス化が進むほど，我が国の大学の存在感が国際社会で薄れていくように思えます．それに比例して学生もますます内向きになって，留学生との交流も乏しくなっています．こうした現状を解消しなければ，我が国の大学はボーダーレス時代に対応できるグローバル人材を育成することは難しいと思います．企業も大学と同様で，まず，そこで働く人をイノベーションしなければ，ボーダーレス化に対応して国際市場を引っ張っていくことなど不可能ではないでしょうか．

4.1.1　大学が抱える問題

大学は初冬の時代を迎え，木枯らしから雪が降り，やがて猛吹雪になることは誰しも分かっていると思います．その中で，知の発信機関として生き残れるか，あるいは消え去るかは，それぞれの大学の教員の質と環境整備による学生の仕上がり（卒業時の完成度）にかかっていると言えます．こうした内情を受験生に分かりやすく箇条書きにすることで，将来を見据えた大学（学部・学科）選択のための判断基準を提供できると考えます．逆に，大学の経営者には，生き残れるか否かの厳しい判断を迫ることになるのではないでしょうか．こうしたことを踏まえて，受験してもよい大学の3項目の選択基準を，以下に記述します．

①ほとんどの大学は，建物と内装設備を含めた環境整備，および基本的な実験実習機器と書籍などの配備は終えています．もし，未だにそれらの配備すら終えていないようであれば，その大学の生き残りはゼロに近く，受験生の皆さんは受験対象から除外するべきだと思います．おそらく，BFランクやその近傍の大学は，ほとんどがこのような問題を抱えていると思われます．

②大学教授とは，「専門的知識が豊富で大学院の研究計画と論文指導ができ，自らも国内外に数多くの研究業績と知識，および経験を有する人格者である」と定義します．さらに，学部は基礎なので，分かりやすい講義が求められます．人が人を教育する訳ですから，ここで定義したレベルの教授が確保できるか否かが，今後の大学の価値，および存亡を左右する大きなファクターになると思います．大学において，最も重要なのは教員の質で

す．入学試験の偏差値でそこそこのレベルを維持しているのに，就職内容がよくない大学（大企業に就職してもすべてがソルジャー）をよく見受けます．それは，教員の質の悪さが原因して，せっかく入学してきた学生を「伸ばす教育」ができていない大学なので，受験生の皆さんは注意する必要があります．

③我が国の大学における教育研究は，一般解を求める還元主義的パターン教育に徹してきたことが原因して，高等教育研究機関として持っているはずの新規性と独創性がいき詰まりを見せて，大学も大学本来の機能が果たせずに負のスパイラルに陥っているのではないでしょうか．その打開策として，例えば，理工系大学を3種類に分割して対応することを筆者は新たに提案しました．提案した3種類の大学は，「無から有を生み出す新規性・独創性・社会的有用性のあるアイディアを出せる人材育成を目的とした創造系大学」「新しいアイディアを企画立案して製品化できるように計画書にまとめられる人材育成を目的とした企画立案系大学」「製品化の計画書に基づいて，生産現場でモノづくりをリードする人材育成を目的とした生産技術系大学」です．その他に，文系の大学も海外の大学で発刊された書籍を和訳して1篇とカウントするようなゴマカシはこの際放棄して，本来の哲学的思考に基づく研究成果を論文にまとめて国際学会で公表する，そして，公表後は論文の内容を分かりやすく学生に伝達して，彼らを啓蒙するような研究型大学にイノベーションしなければ，少子化社会で生き残ることは難しいでしょう．こうしたことの詳細については，「2.2　実情と適性に基づく大学選びのコツ」を，もう一度読み返して参考にしてください．

我が国の大学はいま，上記に示す①～③に示す整備と改善を待ったなしで要求され，それを乗り切れるか否かの瀬戸際に立っていると言えます．国際社会から取り残されて教育・研究機関としての大学の役目を果たすことが困難になって，破産という不本意な結果を招かないように，早急のイノベーションが求められます．

4.1.2　企業が抱える問題

第Ⅲ章の記述内容を詳細に検討して，現在企業が抱えている問題，あるいは今後企業が抱えるであろう問題などを拾い出し，以下に箇条書きします．

①過去に，企業は「大学で学んできたことは実社会で役立たない．採用後は我々が実務に即して一から鍛えていく」と豪語していました．その驕り高ぶった考え方が，そもそも大学と企業の間でミスマッチを生み出す源泉になっていたことに，最近になってようやく気づいたように思われます．

②採用した「人材」は，それぞれの職場で経験を積ませて，次世代を担う「人財」に育成しなければならない．それ故，「人材」から「人財」まで成長させるのに長期間を要するので，現在進行中の製品開発には間に合いません．あくまで，彼らは次世代の「モノづくり」が対象の要員です．現在の対象（先輩の人財）で利益が見込めるうちに次世代へつながる「人財」を育てないと，企業はやがて陳腐化して倒産への道をたどることになります．

③就活生に内定を出すまでの一般的な仕組みは，以下の通りです．(a) エントリーシートの提出を受けて，簡単な書類審査をする．(b) エントリーを通過した就活生（求職者）に適性検査を受けさせる．(c) 適性検査の合格者には，筆記試験と面接に向けて応募書類（履歴書，成績証明書，卒業見込み証明書，推薦書，健康診断書）の提出を求める．(d) 筆記試験後の面接は，1 次で採用担当部門，2 次で就職を希望する部門の統括管理者，3 次で経営者などの口頭試問を順次受けさせる．すべてパスした就活生に内定を出します．しかしながら，企業の未来を託す人材である新入社員を，このような短時間で安易に選抜してもよいのかという疑問の声も企業内部で上がっています．その声を受けて，学生の適性や人間性を正確に見るために，インターンシップを取り入れ，時間をかけて判断する企業が増えてきました．しかし，この日本型インターンシップは 1 ～ 2 週間ぐらいの短期間が主流です．それだと，休日が入るので，実働日数は 5 ～ 10

日間しかありません．そのような短期間の日本型インターンシップは，企業説明と表面上の就業体験にしかなりません．その他，ワンデイインターンシップ（1日就業体験）もありますが，これは実働がなく，「会社説明会」だけで終わってしまいます．最低でも，1か月ぐらいは必要ではないかと考えられます．

④企業内出世レースにおいて，周囲のライバルを蹴落としながら頂点を目指し，経営者に上り詰めたときは，「己亥歳」（曹松：830-901）の結句に詠まれている「一将功成りて万骨枯る」の通り，同僚たちはすべて脱落して，だれ一人残っていません．周囲を見渡せば茶坊主のような無能者たちしか残っていないのです．それが，経営を行き詰まらせる大きい原因になっていると考えられます．企業の生き残りには，こうした方式の改善が急務ではないでしょうか．

企業にも我が国の建前社会の影響がまだ色濃く残っていて，上記の①～④に示すように，人材の採用から人財までの育成方法，および経営体質などについては，遅すぎる面も多々あると思いますが，一日も早い抜本的なイノベーションが要求されます．就活生も，企業訪問の前後に，その企業が自分の生涯を託してもよいか否かの判断を慎重にしていただきたいと思います．その判断材料として①～④を参考にするのも良い方法であるかもしれません．

4.1.3　大学と企業の拭えぬミスマッチ

大学と企業の根幹に横たわる過去のミスマッチは，次の2項目に尽きると考えます．大学側は，「私たちは高邁な教育と研究活動をしているので，お金儲けに精を出す企業とはおのずから次元が違う」と言い，企業側は「役にも立たない絵に描いた餅のように空虚な論理を振り回しているだけで，実社会では何の役にも立たない」と言う．それでは，両者が歩み寄ることはできません．

バブル景気が弾けた後，それに追い打ちをかけるように少子化の大波が押し寄せたことで，BF大学は大幅な定員割れで経営に赤信号が灯り，企業は若者の労働力不足に悩まされています．すなわち，大学進学者が大幅に減少して，冬の時代を迎え，倒産する大学が数多く出始めます．それに呼応するように，企業もソルジャー採用が徐々に難しくなって，大学と同様に労働力不足で冬の時代を迎えているのです．両者はそれぞれが言ったことに対して真の理解と合意が得られないまま，今日を迎えるに至ったのではないでしょうか．

近年，先進国の経済はゼロ成長どころか，ともすればマイナス成長，否，世界恐慌にまで落ち込んでしまいそうな様相を呈しています．その状況を我が国が乗り越え，更なる飛躍を遂げるためには．大学が育成した人材を企業が引き受けて，両者が一致団結して理論と実務の両方に長けた次世代の有能な人財に育成するためのフローとプログラムの作成が求められます．そのことは一刻の猶予も許されないのです．

作成されたフローとプログラムを用いて人材を人財にまで育成し，育成した人財を適材適所に配して，科学技術立国として先導的役割を次世代につなげる盤石な土台作りが要求されます．そのために，産学官が横並びで切磋琢磨しながらボーダーレスで低成長の複雑な時代を何とか乗り切ろうと努力している欧米の現状を参照して，我が国も産学官が横並びで切磋琢磨できるような環境創りをしていかなければなりません．産学官の中でも特に，大学と企業間に横たわる単純そうに見えて困難なミスマッチを急いで解消しなければ，我が国の科学技術の質的な向上とそれに付随する経済の発展は望めなくなります．

以上のことを踏まえて，大学と企業間に横たわるミスマッチの解消方法を次節で詳しく解説していきたいと思います．過去の一般的な事例のように，お互いに一歩下がって手打ちをするような曖昧な方法では，グローバル化が進む国際社会で解決に結びつくものは何もないと言えます．

4.2 ミスマッチの解消方法

4.2.1 「人」の意識向上

大学，企業，官公庁，自治体，および様々な研究機関などで部門別の職場を構成するのは「人」です．つまり，構成している職場を良くするのも，また悪くするのも，職場で働いている「人」なのです．人の特性は，それぞれ生きざまによって異なり，その違いは表情に表れます．よい生涯を送るためには，大学受験で「どのレベルの大学（学部・学科）を選択するか」に始まり，就職活動時に「どの企業を選択するか」など，自問自答と試行錯誤を続けながら要素を絞り込みましょう．そして，絞り込んだ要素を大学受験や就職内定に結びつけるのです．

就職した企業で中間管理職となった時，「いまのままでよいか」と自問自答した結果，自分の技能・技術，あるいは人脈などから，一つでも新規事業に結びつける要素があれば，老後の生活に不安を抱くことなく有意義な生涯を全うすることができます．

もし，新規事業を起業するのであれば，見つけた要素に「PDCAサイクル」を適用し，自身の経験と思考プロセスに合った「新しい実働モデル」を検討します．検討後に，これならやれると結論づけられた新しい実働モデルを起業し，周囲の人脈との共働の中で成長させていく方法が一番安心だと思います．さらに，立ち上げた新規事業を成長させていくには，以下の3項目の実行が求められます．

①周囲の仲間への「思いやり」が大切である．そのために，周囲の仲間を納得させる「説明責任」と，仲間から「聴く」ことに焦点を当てたコミュニケーションが要求されます．

②人脈を大切にする．そのために，人と人が相互に信頼し合う関係構築が求められます．

③「夢」に向かって，「情熱」を持って向上することを心がける．独断と偏

見で「データ収集・データ解析・解析結果」の評価をしないことです．

社会人として駆け出しの「人材」が「人財」にまで成長するための必須項目として，「Integrity」と「Empowerment」を取り上げ，第Ⅲ章で既述しました．ここで，「Integrity」は真面目で真心がこもり，一途なこと，「Empowerment」は企業や社会活動に役立ち，その中で素養を磨いていくことなので，両者を併用して徐々に大きくしていけば，いずれ「人材」が「人財」にまで成長します．「人材」が自己成長過程を経て「人財」となっても，「真摯で謙虚な姿勢」は，生涯持ち続けなければなりません．

企業で，「人材」の周囲を固める部門の先輩や統括管理者は「後生，畏るべし」を肝に銘じて，「人材」に任せる職務の説明責任を果たしながら成長を見守っていくことが求められます．産業界をボーダーレスな未来から見た時，厳しい状況であることは誰にもわかっているので，あえてそれを客観視しながら「事業モデル」を描き，描いた「事業モデル」を浸透させていくことが正当な路線ではないでしょうか．ここに記述した「後生，畏るべし」は論語（孔子：紀元前552-479）の一説で，「後輩（人材）は気力もあり，将来性があるので見守っていこう」という意味のことわざです．部門の先輩や統括管理者は人材に対して，「期して託す」ではありませんが「勇気と危なっかしい現状努力を見守る度量」，そして，「いよいよ危なくなった落下寸前の崖っぷちでフォローしてやれるゆとり」を持って対応する必要があります．

4.2.2　ビジネス活動の潮流に乗る

ビジネス活動におけるボーダーレス化が加速していることから，国際市場における多様化が拡大し，ビジネスパーソンの活動は予想以上に増進し，集団化しています．ボーダーレス化の潮流の中で活動するビジネスパーソンの集団は，コラボレーション（Collaboration：異業種交流）やM&Aなどを繰り返しながら急成長し，肥大化を続けています．そこには，自然に資金が流入してきます．

我が国の企業や大学のイノベーションで，有効活用できるのは離散と融合を繰り返してきた「成長力」です．「モノ・コト・ヒト」のあり方や，「成長力」の有効活用が，企業や大学のイノベーションを成功に導く最良の方法ではないでしょうか．そうした「成長力」の有効活用は，「人財」の人数で決まってきます．「人財」が多人数いればいるほど様々な異なるアイディアが出て，そのアイディアの積集合，あるいは和集合を根幹として拡大していくことが，企業や大学の更なる成長と発展につながります．

実働範囲のボーダーレス化に伴い，グローバルな採用も実施され始めています．しかし，「採用はしても，『ダイバーシティ（Diversity：多様性）』に対する環境整備が十分なされていますか？」と尋ねると，「環境整備は，まだ不十分です」というのが，ほとんどの企業や大学の偽らざる回答です．エンドレス（Endless）の進化を遂げる「仕組み」や，それらを担う「人財」を輩出し続けるために，企業は深刻な少子化を自覚した上で，日本人だけの採用にこだわることなく，人材を政治・文化・宗教などが異なる世界中の若者に拡大して，「真のダイバーシティ」が図れるようにボーダーレスに環境整備をし直す必要があります．そうして多くの人材を世界中から集めて人財にまで育成し，育成した人財を中心に新規性・独創性・社会的有用性のあるアイディアを出させて，その具現化を図らなければ，国際市場を対象とした産業界の需要を満足させることは難しいと考えます．また，一つひとつの具現化が，人財による企業の「成長力」になってフィードバックされます．

4.2.3　産学連携

大学としての責務を果たし，さらなる進化を遂げるために，文部科学省は以下の７項目を大学に実行させるべく公表しています．これは海外の大学がすでにやっていることを文部科学省が推奨したにすぎません．欧米や台湾の大学は，文部科学省が公表した７項目などは，とっくに実行していることなのです．我が国の場合は，何事も欧米の大学がやっていることを調査して，合意が得られれば，そのまま取り入れる方式なので，常に欧米の大学の後塵を拝することになります．また，その方式から，新規性や独創性が生まれてくることは難しいと思います．

①世界的研究・教育の拠点

②高度専門職業人の育成

③幅広い職業人の育成

④総合的教養教育

⑤特定の専門分野（芸術，体育等）の教育・研究

⑥地域の生涯学習機会の拠点

⑦社会貢献機能（地域貢献，産学官連携，国際交流等）

ただし，各大学は上記7項目のすべてを実行するのではなく，それぞれの大学の理念と合致している数項目を実行しているのが実情です．理念と合致している数項目だけでも実行している大学はまだよい方で，BF大学に至っては認証評価機構や文部科学省への報告の作文だけでごまかしているような噂もよく耳にします．本来は，上記7項目のすべてが実行できるように努力することが要求されます．⑤についても，特定の専門分野を芸術，体育等などと例示していますが，それらにこだわっているわけではないので，それぞれの大学で何ができるかを検討して，個々に対応する姿勢が望ましいのではないでしょうか．

ここで，台湾の国立中央大学の例を紹介します．中央大学は，文・理・工・管理・資訊電機・地球科学・客家の7学院（学部），19学系（学科），および43研究所（大学院課程）からなる総合大学です．その他に，宇宙・防災・ナノテクノロジー等の10研究センターが付設されています．ここで，客家学院（学部）という聞きなれない学院が出てきます．そもそも客家そのものが初めて聞く言葉だと思われるので，その言葉について説明します．客家とは，中国人の90%を占める漢民族の一部で，古代から独自の言語と文化を現代まで維持しながら伝承してきた特別な民族です．古代は中原に住んでいたのですが，度重なる戦火に追われて南下し，現在は，主に広東省・福建省・江西省の境界の山岳部に住んでいます．台湾にもそのまた一部が移住しているので，中央大

学に客家学院が設置されています．したがって，客家学院（学部）とは，伝統的な客家について研究する民族・歴史・社会学などの総称であると言えます．

中央大学は，中華民国教育部から重点研究大学7校の一つに指定されています．産業発展に寄与することを目的とし，2005年10月には桃園科技工業区内に観音キャンパスを建設し，台北地区での学術研究の中心的地位を占めています．台湾照明学会の招待講演を依頼されて，筆者が中央大学を訪問した時のことです．学内見学会に参加すると，桃園科技工業区内にある企業だけでなく，海外の企業との連携もしっかり取れていて，幅広く研究開発が進められている様子が一目瞭然でした．我が国の大学も大いに参考にする必要があると思います．

7項目の機能の中で，企業と大学との連携を考えてみることにします．まず，企業理念に基づく行動指針が決まっているので，人材のベースを創る大学に対して，企業が期待する人材の具体的な要求項目を大学に示します．その具体的な要求項目が，大学の掲げる機能のどれと合致するかを見極め，成果が上がる連携形態を模索し，それを試行しながら，人材面や共同研究面での強化につなげていくのです．

我が国の場合，企業の根幹を担う基礎研究はもともと疎かにして，製品化に必要な基本特許はロイヤリティを支払って欧米に依存してきました．そして，エネルギーの大半を周辺特許の取得に注ぎ，その成果をモノづくりに生かしてきました．ボーダーレスで低成長の複雑な時代となった今，基本特許の取得を疎かにしてきた過去のツケが一気に回ってきて，身動きがとれない状況を生み出しています．それでも企業は生き残っていかなければなりません．その手段として，以下の4点が挙げられます．

①人財の発掘に尽力する．イノベーションに対応できる人，突出した人は必ずいる．基礎研究の成果を社会的付加価値へ変換できる素質と素養を備えた人を発掘する．

②就労者の流動化対策と多様な連携への制度の整備に努める．

③就活生の場合，3年生の夏季休暇の1か月をインターンシップに充てる．

インターンシップでは，2 年間の大学での学修成果が企業の実働の場にどのように生かしていけるか，あるいは，どの面が力不足であったかについて，企業の方と意見交換をし，今後の飛躍の糧とする．

④企業が産学連携で大学とやっていける研究スタイルには，委託研究と共同研究の 2 種類があるが，両者の中で，大学は基本特許に結びつく基礎研究を担当する．企業は得られた基礎研究の成果を製品化に結びつける応用研究を主導し，大学がそれをサポートする．そうすることで，相互に細部を補完し合う良好な関係が構築できるだけでなく，それが人財づくりにも繋がってくる．

大学と企業との産学連携における共同研究や委託研究については，大企業と中小企業とに分けて筆者自身が経験してきた一部を紹介します．

まず，大企業との共同研究です．1990 年頃に「大企業の製品を消費者側の視点から評価しましょう」という提案をしたところ，企業側は「いつも使い勝手が良く，良好な製品を開発して消費者に届けているので，何も問題はないはずだ」という回答でした．そこで筆者らは「数学にも必要条件と十分条件があり，メーカーとユーザーの両方から相互に評価して良好だと結論付けられた製品が，本当の良品ではないでしょうか．その観点に立てば，仰る意見は一方的になりませんか」ということで，共同研究に向けた話し合いはまとまりました．産学共同研究から得られた製品の評価方式は国際会議で公表し，特許も申請しました．

共同研究が一段落した後，ISO（International Organization for Standardization：国際標準化機構）がこれまで家電メーカーが公表してきた一方的な製品の検査基準に対して，新規に消費者側からの製品評価を打ち出してきました．我が国の企業は 1949 年制定の工業標準化法に基づき，鉱工業品の種類・形状・品質・性能から設計・検査などのために制定された JIS（Japanese Industrial Standard：日本工業規格）を基準に製品開発と検査をし，国内外の市場で良い評価を得てきました．それゆえ，JIS の製造を中心とした一方向の評価方式に対して，ISOの製造と消費の双方向の評価方式に方針が変わると，メーカー各社はどう対処したらよいのか，戸惑うばかりだったそうです．そうした中で，筆者らと産学共同研究をしてきた大企業の幹部から，「共同研究のおかげで，今回の案件では我が社がリーダーシップをとることができました」と，後ほど，筆者に感謝の言葉がありました．

つぎは，中小企業との共同研究です．あらかた中小企業の委託研究でも成功しましたが，製品開発に成功しても，販売に結びつかなかった一例を紹介します．筆者が主催していた異業種交流会の会員企業でしたが，1990 年代に「防塵防湿装置」を共同で開発しました．当時工場の工作機械は自動化され，加工はパソコンを搭載したNC（Numerical Control：数値制御）加工機で行っていました．工作機械は自動化されて人手を必要とせず，品質も格段に向上したのですが，工場の悪環境だけは一向に改善されなかったのです．そのために，どの工場でも工作機械に搭載された高価な制御用パソコンは，「防塵防湿装置」に入れて保護していました．

当時の工場の環境からみれば開発した「防塵防湿装置」は高品質で，他とは比べ物にならない良品でした．それなのに売れ行きが向上しませんでした．その理由は，これまで高価であった制御用パソコンの価格が急落し始め，逆にパソコンの性能が急上昇してきたことに原因があります．つまり，メインの制御用パソコンとサブの防塵防湿装置の価格が逆転して，両者の経済バランスが保てなくなった結果，「防塵防湿装置」の市場性が薄れてしまったのです．これは，いかに良品であっても，製品の開発時期を誤ると市場性が失われることを意味する顕著な一例です．ここで，市場性について簡単にコメントしておきます．市場性の良し悪しは，消費者の要求量と市場に出回る製品の流通量とから決まってくるので，製品の機能性とは本質的に異なるものであることを知っておくべきだと思います．

その他に，産学連携だけでは問題が解決しない場合があります．そのときは，官庁が加わる産学官連携によって解決に導く方法が考えられます．そこでは，立ち位置やしがらみに固執することなく，3 者の関係を十分に理解した上で，フランク（Frank：率直）な意見交換と情報交換がなされなければ，産学官連携の意味はありません．米国では産学官連携が当たり前になっていても，我が国ではこれからのことで，平然と実行できるようになるまでには，解決しなければならない問題が多数横たわっています．例えば，一つ間違うと贈賄の温床になるだけで，真の目的の達成が危ぶまれます．詳細は「4.2.4　産学官連携」で解説します．

4.2.4　産学官連携

産学官が横並びで，それぞれの能力が遺憾なく発揮できる社会構成が，欧米の先進国の一般的な姿です．東アジアでは，まだ，その仕組みが十分確立されておらず，欧米の先進国からは，かなり出遅れているように思われます．それは，ひょっとしたら思想を重要視する東洋哲学と，知識や理性を重要視する西洋哲学の違いからくるもので，根本的に思考形態が異なっているのかもしれません．あることが，欧米の先進国では受け入れられても，東アジアの国々では受け入れ難いことなのかもしれません．特に，我が国の産学官連携は癒着という悪い方ではすぐに噛み合っても，問題解決に導く議論ではなかなか噛み合ってこないように思われます．しかし，国際社会でリーダーシップをとって歩んでいこうとすれば，産学官が横並びで，それぞれの能力を遺憾なく発揮できる和集合の思考形態を率先して進めていくぐらいの大きな度量が要求されます．

そうなるためには，まず，学校教育を「還元主義的パターン教育」から「知恵を絞りだし，ディベートができる新しい教育」に転換する必要があります．ここでのディベートとは，意見対立を前提にしたテーマを用意し，賛成側（肯定側）と反対側（否定側）の2チームに分かれて．自分の意見とは関係のないところで議論を戦わせる方式のことです．文部科学省は，新学習指導要領（2020年から実施）に「アクティブ・ラーニング：Active Learning」を導入して，「主体的・対話的で深い学び」を実現させようとしています．そのためには，まず現場の教員がこうした方向に生徒や学生を導けるように，自身を変革することが要求されます．「アクティブ・ラーニング」を導入した教育はその次なので，定着するまでには，長い年月がかかります．今の状況では，それを待てないので，自分の学業レベルを学修ポートフォリオで確認しながら，自らを向上させるべく努力するしか方法がないと思います．

つぎに，企業経営では「トップダウン・ズームイン」と「ボトムアップ・ズームアウト」の楕円思考（図 3–3 参照）による接合がいかに円滑に実行されるかで，価値の創造が決まってきます．ここで，「トップダウン・ズームイン（Top-down Zoom In）」とは経営トップが決定した事項を部下に直接指示して実行させる方法であり，「ボトムアップ・ズームアウト（Bottom-up Zoom Out）」とは部下の意見を幅広く吸い上げて意見集約をしていく方法です．つまり，企業では，経営者が「トップダウン・ズームイン」で示す「企業の運営指針」に対して，部門の統括管理者が自組織の機能に沿ってブレイクダウン（Breakdown：経営者の決定事項を咀嚼して，部下に指示すること）し，一般社員や現場の職務遂行者などに伝達します．これとは逆に，「ボトムアップ・ズームアウト」は，中間管理職である部門の統括管理者が部下の意見を集約し，集約した意見は，それぞれの部門ごとに経営者が吸い上げて経営に役立てます．こうした「トップダウン・ズームイン」と「ボトムアップ・ズームアウト」の双方向が楕円思考で円滑に機能しなければ，成熟期の企業が生き残る道はありません．ましてや，飛躍しようなどと思えばなおさらです．

我が国のように天然資源もなく，国民の頭脳を唯一の資源としている国家が，科学技術先進国として生き残って，さらに，諸外国を先導し続けるためには，産学官のような幅広い「異業種交流会」ともいえる場での向上性のある闊達な意見交換と連携によるイノベーションが，最も重要な要素になってくると考えます．こうした厳しい議論ができる 3 者の連携が円滑に機能するようにならなければ，我が国が欧米の先進国やアジアの中国・韓国などと同様に科学技術先進国としてリーダー性を発揮し，世界の先導者としての役割を担っていくこと自体が困難になってくると思います．こうした大きな枠組みの中で自分を磨く機会があれば，積極的に参加する必要があるのではないでしょうか．

第Ⅴ章
新しい人材育成の提案

5.1　人材としての心構え

ボーダーレス社会を生き抜くために，企業の中で人材を育成するための仕組みや環境が十分整備されていたとしても，「人材」であるはずの新入社員の知識や技能・技術に対する向上心が希薄であれば，そこから「人財」にまで成長するのは難しいと言わざるを得ません．まず，新入社員が入社すると，一人ひとりに「人材」であるという意識をしっかり植え付け，今後のプロセスの展開がいかに大切かを十分認識させなければなりません．そうした上で「人財」にまで成長していくためのスタートラインに立たせて，競争させるのです．「人材」に対して「人財」まで成長させる道程を支える仕組みと環境は企業が整備します．次に，「人材」が配属された部門の先輩や統括管理者が，本人の努力の成果を見極めながら「人財」となるまでサポートしていきます．しかし，「人財」にまで成長できるか否かは，あくまで本人の日常のたゆまぬ努力の結果次第だと思います．

ルーティンワークと人手不足は，IoTやICTを含めたAIを導入するとかなり解消できますが，人財不足の解消だけは，人材が人財に成長するまで長い年月をかけて綿密なサポートを繰り返しながら企業が地道に育成して初めて解消されるものですから，簡単ではありません．つまり，長い年月と多額の費用をかけて「Integrity」と「Empowerment」の両方を養った結果，初めて人材が人財にまで成長するのです．ここでの，「Integrity」は人格を磨くことであり，「Empowerment」は社会や企業で活動する実力を蓄えることなので，両者を同時に養って，一緒に勤務する上司や周囲の誰しもが，「人材」が「人財」に成長したと認知するまでの道程は，本当に険しく厳しいものです．本人の涙ぐましい努力と周囲の叱咤激励に応えて，すべてをクリアしたときに初めて周囲の上司・同僚や組織などから認知されるのです．

本章は大学選びから受験・合格，大学生活を経て企業に就職し，新入社員が人材から人財にまで成長する道程で，大学受験に直接関係する高校生ぐらいまで遡って，人材としてスタートラインに立つまでの心構えを時系列に沿って記述します.

①高校卒業までの自らの生き方を振り返り，社会人として不都合な習慣や悪癖などは就職活動が始まるまでに改善しておく.

②人が弱者であることを認識し，「この世の中で発生した苦しく辛いことは，この世の中で収まる」くらいの大きい気持ちになれるまで精神面を鍛える.

③自らの持ち味・特質を見極めて，人財に上りつめるまでの険しい道のり，すなわち，将来を見据えたプロセスについて仮説を立てる.

④学部教育で，教養課程の2年間は裾野を広げるために，理系・文系やジャンルなどに関係なく書籍の乱読をするとよい．専門課程になると自分の進路に合わせた専門基礎の学修に切り替える．とにかく幅広い知識と，理解力を深める努力を怠らないようにする.

⑤レポートや報告書をまとめるときは，まず，解明したい命題を明示する．次に，命題の解決方法につながるプロセスを示す．プロセスに従って，命題の解決を図る．解決できない場合は，命題の解決方法に戻って新しい解決方法を検討することから始める．そして，命題が解決できるまで検討を繰り返す．次に，解決できたら，得られた結果をレポートや報告書にまとめる．そして，レポートや報告書の内容を，聴者の理解が得られるように表現力を鍛えて，分かりやすくプレゼンテーションする．当然，そのあと待っている質疑応答に耐えられるように，ディベート力も鍛えておく.

⑥卒業研究にインターンシップを取り入れる.「4.1.2　企業が抱える問題」に記述したように，日本型インターンシップは1～2週間ぐらいの短期が主流なので，休日を除くと実働日数は5～10日間しかない．そのような短期間では，「体験型インターンシップ」のさわりにしかならない．そこで，理論と実務の関係を理解する目的で，企業における実務のフローを「卒業研究テーマ」にして，1年間みっちりとインターンシップに取り組む.

つぎに，就職活動時と採用後になすべきことは，以下の通りです.

⑦多様な企業の特性をホームページだけに頼らずに，自分の足で直接企業を訪問して採用担当部門の社員とコミュニケーションの場を持つ．その結

果，頭の中でイメージングした仮説上の自己特性分析結果と比較して，強みとのマッチングを図る．

⑧採用後は，大学で身につけた良い習慣，すなわち，活動の型や自らの特性を磨く．そして，自己のイノベーションを図りながら人材から人財にまで上りつめる努力をする．

研究者やアナリストである専門職を目指して大学院へ進学を希望する受験生が，進学の前になすべきことは，以下の通りです．

⑨進学する研究科で，本人が努力するのは無論のことであるが，学位取得後に研究者やアナリストとしての道が開けるぐらいの力がつく大学院を選択するとともに，学位取得後に研究者やアナリストに採用された過去の履歴なども調べておく．

⑩指導教授は研究計画と新規性・独創性・社会的有用性のある学位論文を指導できる学識と研究業績を有し，現在でも積極的に研究活動をして成果を学会で公表（原著論文や著書）している先端的研究者であることを優先する．大学院は学部の学科受験とは異なるので，まず，大学院で専攻する分野と指導教授を決めたら，その教授に直接連絡を取って一度面談してもらい，教授の研究室（あるいはゼミ）を受験する旨の了解を得ておく．面談の際は，あらかじめ学位論文の研究指導を受けることで，指導教授との間に研究内容や考え方に齟齬がないことを確かめておく．何よりも大事なことは，指導教授が幅広い知識を有し，将来を見通す力を持っていることである．

大学院へ進学後は，以下の点に留意しましょう．

⑪大学院進学前に立てた研究の生涯計画に基づいて，学位取得までの基礎研究に専念する．学位取得後，研究者やアナリストのスタートラインに立てたら，生涯計画の次のプランに進んでいく．つまり，進学する際には，そうしたことができるレベルの大学院（博士課程後期の研究室）を選択することが求められます．

大学の法人と教授会に要求することは，以下の通りです．

⑫法人に要求することは，施設・設備を充実させ，学生が学修しやすい環境を整備すること．もう一つ，図書館の蔵書や雑誌などを充足させること．

⑬法人と教授会には，学位を取得し，専攻分野における理論と応用の業績が豊富（High Quality）で，人格が高潔な人物を教授として採用することを要望する．具体的には，研究と講義の両方に万遍なく対応でき，向上心を持ち続ける人財が理想である．日本も文部科学省が大学設置基準の第14条1項で教授資格を「博士の学位を有し，研究上の業績を有する者」と規定している．ただ，ドイツの基準は，日本よりはるかに厳しい．教授を目指す研究者は博士号を取得した後，さらに十分な研究実績を上げ，大学教授資格（Habilitation）試験に合格しなければ教授として認定されない．こうしたことを参照して，我が国の大学教授資格も一日も早く厳しくしないと，今のままでは，大学も国家も世界のBFランクに落下してしまう危険性をはらんでいる．イノベーションは一刻の猶予も許されない状況に置かれており，資格を満たさない教授は切り捨ててでも前進しなければならない状況である．とにかく，知識面でも優れた見識を持ち，社会の先輩としても尊敬できる教授が先導者として認知されるのである．

企業に要求することは，次の通りです．

⑭人材から人財にまで成長させる環境を整備する．これには，知的な向上を職場の上司や先輩が気持ちよくサポートできる人的な周辺環境と物理的な設備の充実との両方が要求される．

⑮人材から人財にまで成長させるサポート役に第一線を引いたシニア社員と部門の統括管理者を充てることで，綿密な人材成長の指導体制を整える．

⑯多種多様な人財を雇用して，多面的な対応ができるように企業の内容をイノベーションし，弱体化を防止する．景気に左右されやすいようでは，いつ「倒産」するか不安で，成長以前に日常業務に身が入らない．そうならないために，独創的な特徴が仕事内容に反映されるような企業であってもらいたいし，就活生には「企業の独創性」を選択の目玉にしていただきた

い．なお，雇用は，あくまで実力主義で，人種差別をしないこと．つまり，我が国の企業は他国と比較して，まだまだ偏見と差別が多すぎるように思える．

①〜⑯が満たされなければ，今後，我が国が科学技術先進国として更なる発展をすることが期待できないどころか，現在発展途上国と言われている国々からも置いていかれるかもしれません．「そんな馬鹿なことを」とおっしゃるかもしれませんが，資源もなく，人財の技術と手先の器用さを資源としてまじめに努力し，使い勝手が良くて見た目が美しい製品を次々に市場に送り出すことで科学技術先進国に名を連ねてきた訳ですから，今後は教育のイノベーションと人材育成を怠ったら落ちこぼれるのは自明の理なのではないでしょうか．

入社が内定しても，向上心を失うことなく，日々努力する姿勢を保持し続ける気力と，それをサポートする周囲の環境整備が肝心です．入社すると，生産性・非生産性企業にかかわらず新入社員である人材に基本的な職務を遂行させます．部門の統括管理者は人材の職務遂行成果を分析し，分析結果を真摯に評価します．さらに，評価結果をフィードバックすることで，価値要素を磨いて成長するための努力を積ませます．

ただ単に努力を積ませると言っても，人材や所属環境の中では限界が見えてきます．中堅になって，どうしても越えられない限界の壁を目の当たりにした時は，その「越えられない限界の壁」を研究テーマとして，大学院の博士課程後期に社会人入学して課程博士の取得を目指すのも賢明な策の一つだと思います．ただし，その場合の博士論文の指導教授は，幅広い知識と経験に基づく，深い見識を持った人物で，研究テーマとした「越えられない限界の壁」の打破に有用な示唆が与えられる十分な力量を有することが最優先されます．そのような教員は，どこの大学院にでも在職しているという訳ではないので，大学院の選定に当たっては，見識・力量・深さに基づく幅広い研究成果を有する教授が在職していることと，蔵書が十分整っている図書館と研究機材などの環境が十分整っていることなどについて調査した上で受験を決断することが失敗を未然に防ぐ最良の方法だと思います．

以上の記述事項をまとめて，教養科目と専門基礎科目とを学修する「学部」から「体験型インターンシップ」を経て「人材」として企業に就職し，将来の「人財」として管理職や製造部門のリーダーなどを目指す人たちと，「大学院」に進学して博士号を取得後，研究者やアナリストとしてグローバルな活躍を目指す人たちの両方について，学部から始まるそれぞれの人材育成の仕組みを分かりやすく図5-1に示します．ここで，学部で学修する教養科目と専門基礎科目のうち，教養科目については高等学校までに済ませて，大学の学部では専門基礎科目だけにして，もう少し広く深く専門基礎科目を段階的に学修するような英国方式に改善することも考えられます．

くどいようですが，人は一度しか生まれてきません．大学受験に失敗するか，あるいは大学に入学しても学部・学科の選択を誤ると，社会に出る前から後悔の念と諦めが先に立って生涯計画が立てられません．無理して立てたとしても，マイナスからの出発で，出発点までのマイナス分が補えず，後悔の念にさいなまれる毎日を送ることになります．このような生涯を送りたいですか．誰もイエスとは言わないはずです．職業に結びつく大学の学部・学科の選択ミスが，取り返しのつかないマイナス要因となって，跳ね返ってくることだけは避けたいものです．そのことを理解した上で，気づいた時はすでに手遅れで，自分の人生を台無しにしてしまうことのないようにして下さい．今ならまだ間に合います．「人生設計」を含めて，もう一度よく考えて，再構築を試みられたらいかがでしょうか．一日も早く対応することで，長い人生の中で深手を負わずに軽傷で済ませられ，まだ十分取り返しがつくのではないでしょうか．くよくよ悩んで，時

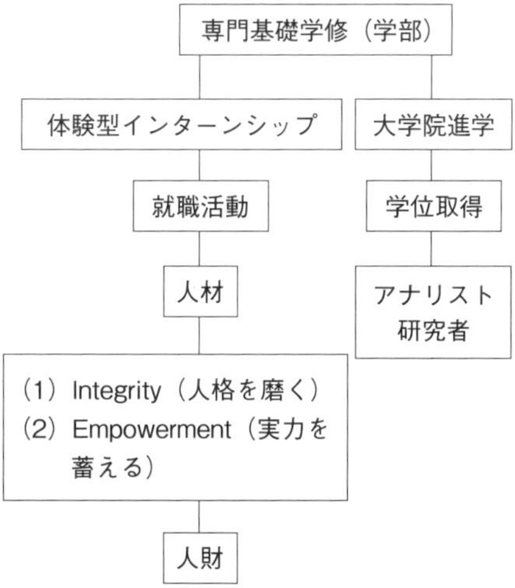

図5-1　人材育成の仕組み

機を逸して，一度しかない人生を棒に振ってしまうのが最悪の結果です．

5.2 研究者やアナリストを目指す人たちへ

「大学院」へ進学し，研究者やアナリストの卵を目指している大学院生に一言忠告しておきます．1日も早く博士論文をまとめて「学位」を取得することだけで頭の中が一杯になっているようでは，一流の研究者にはなれません．あなたも国際的に活躍するようになれば，今，筆者が申しあげたことがお分かりになると思います．まず，大学院への進学を志す時に，一生をかけて休むことなく研究成果を公表し続けても終わることのないスケールの大きい「生涯テーマ」を掲げるべきだと思います．次に，「生涯テーマ」の基礎部分を研究計画書にまとめ，それに基づいて成果を順次学会誌に論文を公表しましょう．公表した論文を用いて学位論文を執筆し，「学位」を取得します．できれば，理工系の場合は，基礎部分における学位論文の「まとめ」の後に普遍的な提案をし，それを国際学会に投稿して，世界に真を問うことが理想です．グレードの高い国際学会が「普遍的な提案」を評価してくれるようであれば，その学位論文は本物です．評価が得られた後は，「普遍的な提案」に基づいて，学位論文の章ごとの応用研究を進めます．

つぎに，「生涯テーマ」中に含まれる各論の小テーマを解明しながら足元を徐々に固めていきます．こうして研究業績を積み重ねることで，「本物」のスケールのある研究者として徐々に育っていくのです．すなわち，研究成果を次々国内外の学会でコンスタントに公表し，それがグローバルな視点で高評価を得るのでなければ，せっかくの「本物」志向の努力も水泡に帰すことになります．そして，これは私見ですが，文系でも特に社会科学系の経済学，法学，政治学などは，理工系と同様に世界の檜舞台で活発な議論を戦わせるべきではないでしょうか．そうしなければ，我が国の学問的認知度の向上は見込めません．そのためには英語で論文を書いて投稿する力を養うことと，投稿した後に海外で英語による発表と質疑応答ができるようになることが要求されます．つまり，専門知識の蓄積は言うまでもないことですが，英語力とディベート力を鍛えておかなければ活躍の第一歩が踏みだせません．

恩師の一人であるS先生は，研究者として歩もうとしている若年の筆者に以下のことを指導してくださいました．次世代を担う若手研究者の卵には参考になると思うので，列記します．

①「生涯テーマ」を掲げよ．その生涯テーマは一生努力しても収束することのない大きいものであることが望ましい．

②生涯テーマの中の個別のテーマは，それぞれ関係を持って収束しなければならない．

③基本の個別論文がまとまりをもてるまで成果を上げたら学位論文にまとめる．まとめた結果に基づいて「普遍的な提案」をし，それを英語に訳して国際学会で信を問う．「普遍的な提案」が国際学会で評価されたら本物だ．

④評価された「普遍的な提案」に基づいて，学位論文の各章の産業応用について研究を進める．

⑤その後は，生涯テーマの応用研究を順次進める．

上記の手順で研究指導を受け，第一線を退いた今は国際ジャーナルの編集委員，学会の論文査読，および学位論文執筆の手助けをしたりして過ごしています．ここで述べる海外における研究成果の公表は，現在国内中心のシニアメンバーより，次世代を担う若手研究者に期待した方が実現の可能性が高いように思えます．そこでは，東洋哲学と西洋哲学を楕円思考で組み合わせた新しい哲学的思考形態による幅広く奥深い様々な成果が期待できるかもしれません．いや，ぜひ期待したいものです．

第Ⅵ章
まとめ

大学受験と教育内容，および企業の採用と人材育成などで発生する数々の問題に対処する方法について大学と大学院の受験生や就活生，あるいは関係各位に正確にアドバイスしたいと思っても，大学や企業に籍を置いて教育や情報技術・採用業務に従事している間は，大学や企業の内規などが災いして，自分の目で見たり，体験したりしてきた様々な出来事を公表することは非常に難しいものです．しかし，現役を退いた今だからこそ，受験生や就活生が知りたいと思う情報と疑問点のアドバイスとを誰に邪魔されることもなく一冊の書籍にまとめることができるのです．つまり，記憶が鮮明で，過去の様々な出来事がパノラマのように眼前に映し出される間に，大学受験生と就活生対大学と企業，および大学院受験生，あるいは大学と企業間などに横たわる様々な問題，およびその対処方法を先輩として分かりやすくアドバイスしました．

筆者の生涯の研究テーマは「生体情報工学」「Human-Machine Interface（人間－機械系）」「心理物理学」および「認知工学」などの分野をまとめた「自立型ヒューマノイド（擬似人間：Pseudo-Human）」の製作です．その目標に沿って，企業と共同研究や委託研究などを実施したり，あるいは異業種交流会を主宰したりして，学際的な部分を担いながら 40 数年間にわたって研究と教育活動を続けてきました．研究成果は国内外の学会で公表し，その内容は講義の中にさり気なく盛り込んで学生に分かりやすく伝達するように心がけ，日頃から学生に工学の応用に関して啓蒙することを第一にしてきました．また，複数の企業と研究や異業種交流会などを主宰してきた関係から，学生の就職の面倒を見ることもできました．それは，筆者の人生にとって大変喜ばしいことでもありました．

しかし，複数の研究テーマの成果を結集しても「自立型ヒューマノイド」を製作することは叶いませんでした．ここで，自立型ヒューマノイドという擬似人間とその前の自律型ヒューマノイドの違いについて一言述べておきたいと思います．自律型ヒューマノイドはロボットで，制御する人の命令によって機能します．しかし，自立型ヒューマノイドは自意識で機能します．そこに自律型ヒューマノイドとの本質的な違いがあります．さらに，人間化するためには，やさしい心を持つことも忘れてはならない大事な要素です．筆者の夢は次の研究者に繋がって，少しずつでも進化を遂げていくことです．研究成果は戦争で人類の殺戮に使われたりするのではなく，平和の中で科学技術の発展に寄与するものであることが理想です．この願いは誰しも持っていますが，それでもなくならないのが戦争です．人類の恒久平和のために，大量殺戮兵器の製造に科学技術が使われるのだけはやめていただきたいと心の底から願っています．

大学受験で，筆者から受験生の皆さんに申し上げておきたいアドバイスは，ただ一つです．BF大学まではレベルダウンしないようにしてください．高校で少し勉強すれば中堅どころの大学までには入学できるはずです．また，あなた自身の受験です．あなたしか自らを助けることはできないのです．「大学受験で大学の学部・学科の選択と受験を失敗すると，自分自身が生涯苦しむことになる」ということです．くれぐれもそうならないように，生きがいのある生涯が送れるように努力しましょう．

第Ⅲ章の共著者として議論に加わってもらった情報系企業の元CIOは，「情報システム」の技術者として定年までを過ごしました．企業を支えるのは，「人財」以外にないことを，彼は長い経験から認識していたようです．「人財像」を産学で共有しながら，「人材」のレベルアップを図っていかなければ，少子化とボーダーレスの環境中で企業が生き残れないことを，誰よりも彼は分かっていたのではないでしょうか．つまり，情報システムの分野で先端技術者として活躍してきた元CIO自身が，科学技術を支えるのは「マシン」にあらず，「人（人財）」であると強調しています．その言葉は非常に深い意味を持っていると思われるので，これから社会人となる就活生は心の隅にしっかり留めておいて下さい．

就職活動では，自分が通学している大学の社会評価と自分の能力とを正確に判断して，まずは，大企業にアタックするか，あるいは中小企業にアタックするかを二者択一します．次に，生涯の職業選択は，大学での専攻と自分の関心の強さとから決めます．その後，インターネットを駆使して企業調査をし，数社を選別したら，実際に企業訪問をしてみましょう．その手順を踏んでから，冷静に，怠りなく生涯の就職先を決めて下さい．

話は変わりますが，我が国の教育制度は，1885年に最初の文部大臣に就任した森有礼（1847-1889）によって敷かれ，ようやく百数十年を経たところです．それに比べて，欧州の有名大学（オックスフォード大学，ケンブリッジ大学，パリ大学，ボローニャ大学，サマランカ大学）は800年以上の歴史があり，江戸時代の藩校（湯島聖堂，岡山藩藩学，明倫館，明教館，日新館，弘道館，致道館，造士館）や備前藩主池田光政が藩内の庶民の教育を目的として開学した閑谷学校などを大学に組み込んだとしても，たかだか400年弱です．これら以外に，我が国で最も古いとされる足利学校でもせいぜい600年ぐらいの歴史（上杉憲実開学説）なので，とても欧州の有名大学に太刀打ちできるものではありません．特に，大学の使命である教育と研究が遅れています．大学教授は独創的，あるいは先端的な研究者であり，また，得られた専門知識を学生に分かりやすく伝達する教育者でもあります．そこが高等学校までの還元主義的パターン教育，すなわち原理原則を教え込む教諭とは区別されるところです．

しかし，審査基準を満たしていない人物を教授に採用している大学が数多く存在するところが，我が国の大学の大きな問題であると言えます．ただ，第Ⅰ章に記述したように，大学受験方式が今後変わることにより，これまでの還元主義的パターン教育が通用しなくなって論理的思考能力を鍛える教育に変化していくことを，筆者は期待しています．

文部科学省の審査基準に欠ける教授の講義を受けても，学業面における知識の質の向上は望めません．学修における知識の質を向上させるには，講義する教授が文部科学省の審査基準を満たした上で，研究成果を定期的に学会で公表し，その後，詳細な内容を記した原稿を論文誌に投稿するような人物であることが求められます．投稿原稿が論文誌に掲載された後は，その成果を講義に取り入れて分かりやすく解説し，学生を啓蒙して意識の向上を図る必要があります．こうした意味からも，4年生に配当される卒業研究は，文系と理系に関係なく真の実力があって学会活動の成果，すなわち，原著論文の数も多く，人間的にも優れた教授のゼミや研究室に所属して大学4年間の総まとめができることが理想です．そうすることで，自然に就職も良い方向につながっていくと思われます．現在の日本のような大学のシステムでは，学生が教授を選別する目を養うことも重要です．

人材不足を広く海外に募るのもさることながら，まず，我が国の就活生の質を向上させて，人材として企業や研究所に送り出すことを考えるべきです．日本の大学の学力平均が世界の大学ランキングで上位をキープしている今の間に「第Ⅴ章　新しい人材育成の提案」に既述されているような内容で大学教育と企業の人材育成とが実行されるならば，我が国は世界の科学技術先進国として進化し続けることが可能になるでしょう．しかし，頭の隅を鋭く掠めるのは，一番重要な基本特許を欧米に依存し，形状化する周辺特許の取得を開発の中心に置いている現状に対する危惧です．基本特許が自国の頭脳で取得できるようにならなければ真の科学技術立国とは言えません．そうなるためには，基本特許に結びつく独創的なアイディアの出せる研究者の育成を大学，公共の研究機関，および企業の研究所などに任せっきりにしないで，文部科学省や経済産業省なども基本特許取得の輪の中に入り，産学官が中心になって国家プロジェクトを立ち上げて，包括的な援助体制を推進するべきだと考えます．

それ以外にも，以下の４項目の段階的な実現化が避けて通れないのではないでしょうか．

①人材の個々の活動を，集団活動まで成長させる．次に，その集団と集団が相互に知識（強み）を交換しあって，互いに更なる向上が目指せるような形態をとる．

②類似分野や異分野同士の知識を楕円思考（図 3-3 参照）で結びつけ，活発な議論に持っていくことで互いに成長が図れるようにする．

③結びつける知識同士を疑似環境（Virtual Environment）に映し出しだしたり，実環境（Actual Environment）の場に適用したりして，様々な試行や実行がなされる場を多く創る．

④試行や実行の結果を検討した上で，それを評価し，評価結果を再度試行や実行に移してみる．こうした試行や実行のサイクルを何度も繰り返して科学技術を成長させる．

本書は大学の理工系を中心に論述してきましたが，学問の場である限り文系も思考形態はまったく同様のはずです．本書は大学進学から就職するまでを中心に，大学での学業成果をどのように就職に結びつけるかについて適切な示唆を与えられたら最良だと思います．就職面からだけ考えるのであれば，理系・文系にかかわりなく博士課程前期修了までに就職されるのが無難な選択だと思います．博士課程後期まで進学すると，途端に就職の幅が狭まって，学位（博士号）は取得できても就職先に苦しみます．それでも学問で生きたいと決心すれば別ですが，一般的には学部から博士課程前期修了までに就職されることをお勧めします．

筆者の経験からしても，研究所に勤務した時は方向性が決まっていて，自分のテーマについて研究できる訳ではありません．最初はそれで苦しみ，次に大学に職を得るまでは就職先に苦しみました．研究をつづけながら不安定な生活を送る中で，本当に自分は安定した職を得て生涯を全うできるのかと不安な毎日を過ごしたことを思い出します．そのうち大学に職を得て定年退職した後は，天下りもでき，今はそれも任期満了で終え，ジャーナルの編集委員や論文の査読などをして過ごしています．今の課程博士の方の就職の苦しみからすれば，筆者の場合は運がよかったのかもしれません．

こうした現実がある中で，我が国が今後も科学技術先進国として成長し続け，世界を先導していくためには，欧米で数百年から千年以上続く教育・研究ガバナンス（Governance：組織統治）がしっかりした大学とコラボレーション（Collaboration：複数の大学で行う共同研究や共同開発）しながら共に進化し続けていくことが求められます．それゆえ，大学の使命である教育・研究を放置して，少子化対策と称して受験生の争奪にエネルギーの大部分を割くような大学には，進学するべきではないでしょう．また，このような大学は今後の発展が見込めないだけでなく，目の前に倒産の危機が押し寄せているように思われます．近年は，大学の中でも理工系と文系の融合，あるいはバリアフリーの新設学部や学科が数多く設置されました．ボーダーレスが叫ばれる今日，設置された多数の新設学部と学科がうまく国際社会で機能することを願うばかりですが，人集めを優先した耳からの聞こえ，すなわち音感とリズム感が良いだけの新設の学部・学科も今後の生き残りは厳しいと言わざるを得ません．

かつては「技術者に企業経営などできる訳がない」と言った文系出身の経営者もいましたが，そう言う彼自身も，グローバル化したボーダーレスの時代の舵取りを任されたとき，「机上論を超え，知識を実用面に活かすことの難しさ」が骨身に染みているのではないでしょうか．筆者の結論として，我が国の産業界が発展し続けるためには，大学と企業の産学連携に関係省庁も加えた「4.2.4 産学官連携」による柔軟な対応がベストではないかと考えます．これには一つ注文があります．今までのような参加するだけの漠然とした産学官連携ではなく，互いに血を流しても協力体制を構築するぐらいの覚悟がなければ，今日の複雑な国際市場で生き残ることは不可能に近いと言わざるを得ません．

産だけ，学だけ，官だけの過去に思いをはせるような自己中心的な夢のような時代は終わったのです．こうしたボーダーレスで複雑な時代を勝ち抜くには，それぞれ単独ではあまりにも力不足であることを素直に認めることが第一です．次に，三者が横並びで補填できるところは補填しあいながら，それぞれの視点から知恵を出し合って，三者の知恵の和集合で難局が切り抜けられるように，三者連合構想を推し進めることが最良の方法であると考えます．

本格的な少子化時代を迎えて，380 ぐらいあるといわれるBF大学とその近傍の大学の入学者数の減少と共に徐々に倒産や廃学部・学科していくのを横目で見ながら，自然の摂理に沿ったダーウィンの進化論による自然淘汰説そのものだとして放置しておけばよいのでしょうか？　それらは，受験生から見捨てられ，経営努力を怠ってきたのだろうから当然の帰結だと言えばそれまでだと思います．ただ，その大学や学部・学科に在籍している学生は，社会に出る前にかなり厳しい被害を受けることが予測されます．こうした大学や学部・学科の在学生を救うのは文部科学省しかありません．しかし，我が国の官僚に助けを求めるのは無理なような気もします．過去に国民を心から助けたことがほとんどないからです．“Heaven helps those who help themselves：天は自らを助くる者を助く”を胸に秘めて，他人を頼らず，自助努力をしながら頑張るしか方法がないのかもしれません．

この記述を胸に止めて，これから受験される皆さんは380 ぐらいあるといわれるBF大学とその近傍の大学，および受験生や社会から見放された学部・

学科だけは絶対に受験しないように注意してください．こうしたことから，入れる大学を単純に選択するのではなく，少なくとも入りたい大学を選択するように心がけましょう．

次に就職活動ですが，学科の学修内容が生かされ，仕事内容に興味が持てるようであれば，インターンシップに参加してみましょう．その後に会社説明を聞いて，ぜひ就職したいという気になったらエントリーしてください．合同会社説明会に参加すると，こうした企業とは逆に「IT企業」という派遣会社が結構きているので，その実態を説明します．仕事が忙しくなって人手不足になると，企業は派遣会社に必要な人数の派遣を依頼します．景気が悪くなって生産量を減らせば，減らした分の労働者は不要なので，その人数分の派遣を断ります．パーマネントの社員として雇用すると，景気の良し悪しに関係なく生涯人件費が付きまとうので，中堅以上の企業では，こうした派遣の利用形態を採って，無駄な人件費の出費を避けています．人手不足の甘い誘いに乗って，こうした派遣会社への安易な就職は，控えるようにして下さい．決して最先端のIT技術が身につくことはありません．

その他に，本格的な少子化時代を迎えて人手不足になると，それまでは何の挨拶もなく無視していたのに，急に調子よく大学のキャリアサポートセンターを訪ねてくる企業の採用担当者などは要注意人物です．そして，そのような人物が採用担当でいるような企業も要注意です．また，こうした人物が訪ねてくるような大学は，企業からまともに相手にされていない大学です．受験生もこうした大学の受験は，避けることが望ましいと思います．

以上の理由から，我が国の大学と企業のあり方に危機感を持った筆者が，長年培ってきた専門知識と経験に基づいて大学受験生に適切な大学選びと入学後の学修方法などについて的確なアドバイスをしたつもりです．さらに，就活生には後悔しない企業選びを重点に置いて，自分の身の丈に合った，頑張りがいのある企業と分野を選択して就職するための活動について分かりやすく記述しました．そして，就活生が一番知りたい我が国の企業が抱える問題や，社員を成長させるノウハウを有する企業の見分け方なども追記しました．最後に，筆者が読者に求めることは，今からでも遅くありません，生涯のキャリアデザインを描いて，それに基づいて悔いのない人生を送るために，本書をもう一度熟読されることです．また，大学教員やアナリスト，国公立の研究所員，および企業の中央研究所員などの知的専門職に就くために学位取得を目指して大学院進学を考えておられる方にも，筆者自身が培ってきた知識と経験に基づいて目標が達成されるように精一杯アドバイスをしたつもりです．

大学受験生や大学生・大学院生が厳しい荒波を乗り越えて成功を勝ち取るために，「八風吹けども動ぜず」という禅の言葉を送りたいと思います．ここで言う「八風」とは，「利益・衰退・陰口・名誉・称賛・悪口・苦・楽」のような人の心を揺さぶる8種類の事柄を表します．人間は「儲け話は聞きたい」「泥船には乗りたくない」「褒められたら嬉しくなって舞い上がり」「悪口を言われたら不安や怒りが湧いてくる」というように心が揺さぶられます．こうした外界からの様々な風が吹いても決して動じることのない平常心を養うことにより，将来の目標の実現に向かって努力していただきたいからです．

大学教員として40年間を過ごした筆者の経験に基づいて，受験生の大学選び，大学生の学修，就活生のインターンシップと企業選び，大学院進学希望者の大学院と指導を受ける教授の選別などに関して適切なアドバイスを求める諸君にできるだけ正確に応えたいという思いから，本書の執筆を計画しました．しかし，こうした手引書の執筆は現役の大学教授として勤務している間は難しいものです．さらに，企業の採用担当の経験がある実務者にも加わっていただかなければ，学生の就職に関する内容が実態を伴わずに何となく薄っぺらな卓上論になってしまいます．

当初，対象とした受験生，大学生と就活生，大学院受験生と大学院生など以外に，大学の経営者と教職員，特に，「キャリア・カウンセリング講座」の担当教授やキャリアサポートセンターの職員などにも，ぜひ，本書を熟読して学生の指導や就職活動のサポートにお役立ていただきたい．企業の場合は新入社員，中間管理職および経営者に，それぞれの立場でぜひご一読をお願いしたいと思います．そして，採用や新入社員教育，人材から人財へのステップアップ，およびイノベーションによる組織の生き残り強化などにお役立ていただければ幸いです．

2018年以降少子化の影響から大学進学者が急激に減少して大学が冬の時代を迎えるということは，それにともなって企業にとっても労働人口が急激に減少し，新入社員の確保に頭を悩ませる時代が目前に迫って来ているということではないでしょうか？　イノベーションが待ったなしで求められる複雑な時期に，相変わらず「グラスからわずかに水がこぼれるが如き微小変化」程度の安易な認識で，今後の人材確保が円滑に進行すると思われますか？　それははなはだ疑問です．人材確保と育成が失敗したら，たちまち企業経営が立ちいかなくなって，徐々に負の傾きが大きくなり，いずれ屋台骨が揺らぐような状況を呈してきます．誰の目にも事業内容の陳腐化と空洞化が目立つようになり，「倒産」の2文字が眼前にちらつきます．そうなってから慌てても遅いのです．

大企業が倒産した場合は，その傘下でピラミッドを築いている中小企業のほとんどが連鎖倒産に追い込まれて，大きい社会問題になることは誰の目にも明らかです．こうしたことを避けるために，中小企業もこれまでの「寄らば大樹の陰」などという甘い考えは，この際きっぱり捨て去るべきです．それぞれが生き残りをかけた独自の経営方針で，高度な技能や技術を磨いて，新規性・独創性・社会的有用性のある新製品の開発・製造をし，それと併行して製造した新製品の市場開拓を進めていく努力が要求されます．こういうことが実行されている企業であれば，中小企業と言えども就職してみる価値は十分あると思います．

高等学校の進路と就職担当の先生方に申し上げます．生徒がこうした厳しい現実の中で生き残り，被害を未然に防止するために，本書の記述内容である大学の実情と企業の置かれている現状などを参照していただきたいと思います．その上で，「大学・学部・学科選びと受験勉強」の進路指導や「インターンシップ，および企業選びと面接対応」の就職指導などにお役立てください．

最後に筆者が70歳ぐらいまで大学教員（研究者＋教育者）として過ごした人生を今振り返ってみると，30歳代半ばまでは寸暇を惜しんで論文を書いても知識不足で，表現力が足りないために報われることなく，なかなか掲載されませんでした．それでもあきらめず（力不足は自分自身が自覚しています）に頑張って問題領域をやっとの思いで通過し，また，乗り越えて論文誌に成果が掲載されたときは何とも表現できない心の底から沸々と湧き上がってくる喜びがありました．しかし，その喜びもほんのつかの間です．次の研究テーマと成果のまとめが待っていて，それが心に大きく圧し掛かってくるのです．

過去を振り返ってみると，一番充実して研究と学生の指導にあたれた年代は，40代から60代半ばまでの25年間ぐらいだったように思われます．報われなかった20歳代後半から30歳代半ばまでの10年間に執筆した論文を今読み返してみると，まず，内容構成の未熟さが気になります．さらに，表現力や説明不足の箇所がところどころに見えてきます．それだけではありません．まっ暗闇の手探り状況で，暗闇の向こうに明かりがまったく見えず，もがき苦しんだ10年間の様子が今更のように目前に浮かんできます．その10年が肥しとなって，徐々に形になって学位に繋がっていきました．「終わりよければすべてよし」ではありませんが，今になって振り返って見ると，それも懐かしい思い出です．つまり，過去の苦しかったことも，時がたてば懐かしい思い出として心に残ります．それが人間です．ただ，第一関門の学位取得後は意外と順調にいったように思います．

大学受験生や大学生，および大学院生は，本書を読んだ今，我が国の教育の現状，世界市場を生き抜く企業，ひいては国際社会における我が国の立ち位置などについてどのように感じておられるでしょうか．人生は長いようでも，振り返れば短いものです．TVやインターネットなど，様々な情報伝達媒体から報じられる無責任なコメントに振り回されて，人生を誤ることがないようにしてください．情報がいかに乱立しても，その中で「真実は，ただ一つ」です．「何が真実であるのか」を最終判断するのはあなたです．大学受験生や大学生，および大学院生は，常に冷静で正しい情報分析ができるレベルまで知識水準をアップし，その幅を広げて，真実が見極められるように精一杯努力しましょう．それからでも「生涯目標を掲げ，生涯計画を立てる」のは遅くありません．

立案した生涯計画に基づいて，日々研鑽努力し，その結果が業績となって積み上げられた後に，第一線を定年退職する．企業に就職しても，アナリストや研究者を目指しても，まず，自ら人材から人財にまで自助努力して成長し続けなければ，沸々と湧き上がってくる達成感は得られません．そして，人財として第一線で活躍し，その後は管理職になって経営に参画し，後任を育てる．その一連の流れが専門職を目指した者が求める活動の生涯ではないでしょうか．定年退職後，多忙な第一線から解放されて過去の足跡を振り返った時に，「現役でやれることはすべてやりつくした」と自信をもって言えるようになっていただきたい，また，そうなることを期待してペンを置きます．

参考文献

[1] 大貫和恵，増子恵里香，坂倉由紀（2014）「PDCAサイクルにより得た学生の教育効果」『茨城キリスト教大学紀要：社会・自然科学』，Vol. 48 (2)，pp.269-274.

[2] 小川佳万（2002）「学位からみたアメリカ教育大学院 ― その特質と問題点 ― 」『名古屋高等教育研究』，No.2，pp.161-184.

[3] 科学技術政策研究所（2013）「日本の大学における研究力の現状と課題」『NISTEP科学技術・学術制作ブックレット』，Ver. 1，pp.1-29.

[4] 角田敏一（2013）「カリフォルニア大学バークレー校大学院における工学教育と学位授与の現状」『大学評価・学位研究（独立行政法人大学評価・学位授与機構）』，第 14 号，pp.21-35.

[5] 川崎一喜（2014）「ディベートの先を考える：― ディベートからアサーティブなディスカッション，スピーチへ ― 」『日本語教育方法研究会誌』，Vol. 21 (1)，pp.36-37.

[6] 北原宗律（2013）「学位論文審査基準の策定」『学位論文審査基準の調査・研究・策定（審査基準策定特別委員会）』，pp.163-170.

[7] 北村友人（2014）「途上国における能力開発と教育の役割」『西南Journal of International Cooperation for Agricultural Development』，Vol. 13，pp.13-22.

[8]（社）国立大学協会　教育・学生委員会（2005）『大学におけるキャリア教育のあり方 ― キャリア教育科目を中心に ― 』，（社）国立大学協会，pp.1-29.

[9] 佐藤厚（2012）「企業における人材育成の現状と課題、<特集>変化する教育訓練とキャリア形成」『社会政策学会第 122 回大会』，Vol. 3 (3)，pp.9-24.

[10] G.S. Weiss（2005）「ドイツの大学 ― 改革中の研究職と研究費 ― 」『数学通信（日本数学会）』，Vol. 10(3)，pp.62-65.

[11] 佐々木宏（2006）「途上国の貧困と教育 ― 教育機会の不平等という論点」『教育福祉研究』，No.12，pp.1-10.

[12] 坂柳恒夫（2007）「キャリア・カウンセリングの概念と理論」『愛知教育大学研究報告』，教育科学 No.56，pp.77-85.

[13] 末木剛博（1992）「楕円思考 ― 日本的発想の一考察 ― 」『アジア・アフリカ文化研究所研究年報』，第 27 号，pp.1-14，1992.

[14] 須藤秀夫（2007）「グローバリゼーションの担い手・多国籍企業の光と影」『西南女学院大学紀要』，Vol. 11，pp.133-149.

[15] 住井英二郎（2003）「暗号化通信のspi計算による形式的検証」『コンピュータソフトウェア』，Vol. 20 (6)，pp.607-616.

[16] 谷内篤博（2001）「新しい能力主義としてのコンピテンシーモデルの妥当性と信頼性」『経

営論集』, Vol. 11 (1), pp.49-62.
［17］谷口真美（2008）「特集：雇用平等とダイバーシティ、組織におけるダイバシティ・マネジメント」『日本労働研究雑誌』, No.574, pp.69-84.
［18］近田正博（2009）「大学院の研究指導方法に関する課題と改善策 ― 名古屋大学教員に対する面接調査結果より ― 」『名古屋高等教育』, No. 9, pp.93-111.
［19］中央教育審議会第 73 回大学分科会（2008）「大学の機能別分化の促進と大学間ネットワークの構築について」, pp.1-8.
［20］中央教育審議会大学分科会（2015）「未来を牽引する大学院教育改革～社会と協働した『知のプロフェッショナル』の育成～」, pp.1-27.
［21］津富宏（2006）「企業の採用基準が分かる学生を育てるには：企業の採用基準の認識と学生の採用基準の認識のミスマッチを埋めるために」『静岡県立大学国際関係・比較文化研究』, Vol. 5 (1), pp.47-72.
［22］董莊敬（2012）「日本型インターンシップの教育効果と限界、インターンシップモデルの構築」『公益財団法人交流協会』, pp.1-26.
［23］永井義人（2015）「国家間対立の超克を目指す地方自治体における地方間国際交流」『広島国際研究（広島市立大学国際学部）』, 第 21 号, pp.1-11.
［24］中村和彦（2004）「エンパワメントの概念およびエンパワメントファシリテーションの検討（〈特集〉エンパワメント）」『人間関係研究』, No.3, pp.1-22.
［25］西村拓一, 渡辺健太郎, 本村陽一（2015）「コト・データベースによるモノ・コトづくり支援」『人工知能学会論文誌』, Vol. 30 (1), SP3-B, pp.383-392.
［26］野崎謙二（2011）「異業種交流活動から見た産業クラスター計画―有効な交流活動のあり方及び中小企業の製品開発支援に関する考察―」『地域学研究』, Vol. 41(3), pp.651-664.
［27］Herbert William Heinrich（1931）“*Industrial accident prevention : a scientific approach*”, McGraw-Hill.
［28］林朗弘, 坂本寛, 堀江知義, 中村貞吾, 栢原弘之, 藤原暁宏, 田中和明, 磯貝浩久, 藤尾光彦（2013）「学修自己評価のための e ポートフォリオシステムの開発と運用」『論文誌 ICT 活用教育方法研究（私立大学情報教育協会）』, Vol. 16 (1), pp.46-51.
［29］廣瀬等, 高良美樹, 金城亮（2004）「大学新入生の学部・学科選択と就業意識に関する研究 ― 学部・学科種別による比較検討 ― 」『人間科学』, Vol.13, pp.241-266.
［30］別惣淳二（2013）「教員養成の質保証に向けた教員養成スタンダードの導入の意義と課題：兵庫教育大学の事例をもとに」『教育学研究』, Vol. 80 (4), pp.439-452.
［31］松本茂（2006）「日本におけるディベート教育のあり方 ― 青沼論文・小西論文・矢野論文に応えて ― (特別企画 コミュニケーション研究としてのディベート教育 ― ディベートとコミュニケーション教育の可能性)」『スピーチ・コミュニケーション教育』, 第 19 号, pp.65-75.

［32］光定洋介（2016）「成功するM&A戦略実現のために ― 良いM&A、悪いM&A ― 」『経営センサー（東レ経営研究所）』，pp.16-21.

［33］村岡哲也（2017）「IoTを授業に導入したグローバル人材の育成 ― アジア全域から学生を受け入れるユニークなキャンパス ― 」『工業教育』，Vol. 53 (312)，pp.28-31.

［34］村岡哲也（2006）「ビジネスマンのための『常識講座』」『ORIX Rentec News』, Vol. 76 (4), pp.6-7.

［35］元橋一之（2003）「産学連携の実態と効果に関する計量分析：日本のイノベーションシステム改革に対するインプリケーション」『RIETI Discussion Papers Series 03-J-015（経済産業研究所）』，pp.1-24，2003.

［36］文部科学省（1956）「大学設置基準」，昭和 31 年 10 月 22 日文部科学省令第 28 号，平成 27 年 4 月 1 日施行．

［37］文部科学省「大学院設置基準」，平成 24 年 3 月 14 日文部科学省令第 6 号.

［38］文部科学省（2017）「『大学入学共通テスト（仮称）』実施方針（案）」，別紙 1-1，pp.1-7.

［39］文部科学省（2017）『理工系人材育成戦略（第 1 版）』，pp.1-44.

［40］文部科学省高等教育局，経済産業省産業技術環境局（2016）『産学官連携による共同研究強化のためのガイドライン（イノベーション促進産学官対話会議）』，pp.1-142.

［41］柳瀬和明，松平知樹（2014）「TEAPの概要とフィードバックにおける能力記述文の作成について」『JACET全国大会要綱 53（大学英語教育学会）』，p.60.

［42］山田浩之（2009）「ボーダーフリー大学における学生調査の意義と課題」『広島大学大学院教育研究科紀要』，第 58 号，pp.27-35.

［43］吉本圭一，亀野淳，稲永由紀（2007）「地域経済団体のインターンシップへの貢献と人材養成観 ― 企業、大学、学生活性化のメリットと評価 ― 」『日本インターンシップ学会』，年報 (10)，pp.22-31.

［44］若林満，斎藤和志（1989）「キャリア・パス分析：パス解析に基づく組織内キャリア発達の規定要因分析」『経営行動科学』，Vol. 4 (1)，pp.9-17.

■著者紹介

村岡 哲也（むらおか・てつや）

工学博士
元大学教授
1947 年　生まれ
1994 年　高度技術開発で（財）相川技術振興財団賞を受賞
1995 年　IEEE Best Paper Award
1996 年～ 1998 年　通信・放送機構の研究フェロー
2004 年　中小企業金融公庫（現日本政策金融公庫）の成長新事業育成審査員
2009 年　Invited Lecture from International Light Sources Workshop (2008)
2017 年　40 年間つとめた大学教員を退職
2017 年　Albert Nelson Marquis Lifetime Achievement Award
2019 年　Commemorative Certificate as an IEEE Life Senior Member

阿久田 智里（あくた・ともさと）（第Ⅲ章の共同執筆者）

元電気機器製造会社社員
1951 年　生まれ
1975 年　電気機器製造会社入社
1975 年～ 2006 年　銀行，証券，保険，クレジットおよびリースのシステムエンジニア
2006 年～ 2010 年　関係会社に出向して，外販用人材育成ソリューションの企画・提案・適用に従事
同社にて，CIO として業務プロセスチェーンの標準化と事務処理システム刷新
2010 年～ 2013 年　電気機器製造会社に復帰して，「人財成長環境」「意識改革」に関する仕組み創りの企画や関連コンテンツ創発に従事

受験と就活を勝ち抜く力
― イノベーションを余儀なくされる大学と企業 ―

2019 年 7 月 15 日　初版第 1 刷発行

■著　　者――村岡哲也
■発 行 者――佐藤　守
■発 行 所――株式会社**大学教育出版**
〒 700-0953　岡山市南区西市 855-4
電話（086）244-1268㈹　FAX（086）246-0294
■印刷製本――モリモト印刷㈱
■Ｄ　Ｔ　Ｐ――林　雅子

ISBN978-4-86692-027-6